U0857640

黄巢村

山东村落田野研究丛书

张士闪 李松 总主编

孙芳 著

山东大学出版社

《山东村落田野研究丛书》
编委会

总序

编纂一套山东村落田野调查方面的丛书，立意甚早。20 多年来，以山东大学为核心的山东民俗学团队，每年都会安排多次村落田野调查活动，许多博士、硕士学位论文也以村落为田野点，注重对田野材料的挖掘与分析，紧贴乡土作实证研究，迄今竟有百村之数。学术论文的阅读群终归有限，将这些辛苦得来的第一手田野资料，以写实的手法呈现出一个个真实的村落世界，向社会提供一份可信的国情资料，一直是我们共同的心愿。

2016 年夏，山东大学民俗学研究所与山东大学出版社共同策划、申报"山东村落田野研究"选题，并于 2017 年春被列入国家出版基金规划资助项目，夙愿终偿。我们从以山东村落为田野点的博士、硕士学位论文中遴选出 20 种，邀约作者遵循"深描村落生活，凸显村民主体，梳理乡土文脉，展现国情底色"的原则，进行改写或重写。为使这一原则不致落空，我们课题组密集举办三次小型研讨活动，达成如下共识：

首先，小中见大，述而见议。这套丛书所选村落虽然都在山东，但学术视野并不自我设限，讲究以小见大，寓学理于讲述之中，助推对于中国社会的深入理解。这需要作者秉持综合、开阔的学术眼光，既关注村落的历史脉络，涵括其驳杂的历史动态，又聚焦当今村民主体话语，反映村落的社会现实和未来走向。

其次，关注传承，着眼动态。在乡土社会发生剧变的当下，我们理应重新观察和思考作为人类最基本的生活共同体的村落，关注其自治传统的传承及组织机制，得出符合其自身历史实际和内在逻辑的阐释。村落描述，不应该成为乡村琐事的拼盘，也不是对于一个个村落凝固幻象的编织，甚至也

不应满足于立此存照式的一幅幅风俗画。我们深信，就在众多村落所呈现的异同之间，蕴含着中国基层社会的真正奥秘。

再次，村民本位，日常视角。坚持村落民俗志描述中的村民本位，摆脱那种将文人的文字传统视为“唯一性知识”的旧习，将村民日常使用更广泛的口述、物象、仪式等知识形式，放在至少是与文字同等的位置。我们深知，白纸黑字所代表的文字表达传统，仅仅是占社会总体人数很少的文人阶层所推重的一种特殊知识形式，而远非人类知识之全部。在乡村社会中尤其如此。将村落的历史、当下与未来贯穿起来的村民，在“过日子”中凝结而成的丰富知识形式，理应在村落民俗志中显现光彩。我们期望这套丛书出版后，不仅供学者研究、都市人阅读，还有村民愿看，甚至成为村落典藏。让乡土知识真正实现“从民众中来，到民众中去”，是我们最大的心愿。

新世纪以来，随着以全球化、都市化为特征的现代生活的迅速普及，乡土民俗的连续性、系统性、整体性已严重受损，曾作为中国社会主体的乡土村落正经历巨变。但无论如何，村落依然是中国传统文化的重要承载地，农民是绝不可轻忽的文化传承主体。当代学者的一项重要使命就是关注村落，将村落中的人、事、文化传统与生活现状等视为一个整体，通过深描村落社会运行的逻辑，阐释村民的生活世界及其赋予生活的意义之所在，并在此基础上对其组织形态、机制及变迁予以描述与推导，这对于理解中国乡村文化传承乃至整个中国社会大有裨益。我们深知：梳理中国村落的历史来路，叩问其从何而来；展示由形形色色民俗事象所构成的村落人文世界，理解现状与内在脉络；观察村落在现代化进程中的遭遇与新创，关注其向何处去——这应该成为村落研究介入当代中国社会发展、彰显乡村文化茁壮活力的基本向度。

一、中国村落研究传统

生于乡土，终老乡土，曾在漫长岁月中被绝大多数国民视若天经地义，这一社会事实本身即足以显示村落的意义。我们相信，“在村落中研究”（格尔兹语）的学术实践，在当今“世界史”“全球史”风起云涌之际，不仅没有过时，而且不可或缺。毕竟，无论是重述“亚洲”，还是重述“世界”，我们仍要以乡土中国为立足点。

传统意义上的村落，自有其历史渊源与发育过程。村落社会的组织与运行，离不开稳定的民俗传统的传承。民俗传统既具有群体规约性质，又能为民众提供身份认同与人生意义，因而蕴含生机，常在常新。村落之为“问题”，乃是 19 世纪末 20 世纪初，一批知识分子基于晚清社会之变局“眼光向下”的产物：一方面，受西方入侵影响，新的生产方式与经济结构已日益内嵌于中国基层社会，传统时代城乡互动的社会运行模式被打破，作为中国乡土社会基本单元的村落日渐萎缩，成为当时中国社会整体发展失衡状况的表征之一；另一方面，以“西学东渐”为背景而形成的革命性、现代性强势话语，逐渐渗入乡土社会，持续改写着村落发展的内在逻辑，造成了民间自治传统的失衡或断裂。① 以此为背景，乡土社会成为当时知识精英普遍关注与“拯救”的对象，村落则成为中国现代学术研究的重要单元。

诚然，学术活动不能没有研究单元的设计。20 世纪上半叶，以费孝通、林耀华等为代表的中国学者，就注意选择村落或村寨为研究单元，并在其学术生涯中长期坚持，认为村落既是便利研究者做全面了解的较小的社会单位，又是反映人们社会生活的比较完整的切片。② 其中奥秘，恰如英国人类学家布朗所强调的，对于一个村庄进行细致入微的研究的意义在于——既要看到村落社区生活的某一个方面在整体的社会生活中的功能，也要看到这个村落本身的组成结构。③ 钟敬文在 1983 年中国民俗学会成立的讲话中，将“搞民俗学当然着重在广大农村”当作不言而喻的前提④，后又在不同场合多次表述，获得了国内民俗学界的广泛响应，乃至成为经典范式。20 世纪 90 年代初，刘铁梁从民俗传承生活空间的角度，论述了村落作为基本研究

① 参见张士闪：《“顺水推舟”：当代中国新型城镇化建设不应忘却乡土本位》，载《民俗研究》2014 年第 1 期。

② 参见费孝通：《江村经济——中国农民的生活》，商务印书馆 2001 年版，第 24 页。

③ 转引自赵旭东：《权力与公正——乡土社会的纠纷解决与权威多元》，天津古籍出版社 2003 年版，第 10 页。

④ 参见钟敬文：《民俗学的历史问题和今后的工作》，载《钟敬文自选集》，首都师范大学出版社 2008 年版，第 409 页。

单位的意义，明确了村落研究在民俗学学科中的理论地位。[①] 时至今日，以村落为单元进行研究的学者仍为数众多，跨越民俗学、人类学、社会学、历史学、民族学、艺术学等学科。诚然，在国土广袤的中国，无论从事怎样的课题研究，从相对自成体系而又较小的村落生活共同体入手，自有其合理性，而且有望产生深厚的学术理论意义。更何况，村落研究还被赋予认知历史、立足当下、面向未来的重要使命。村落形态尽管一直处于或微或巨的变化之中，但它所塑造的文化模式与传统，在可预见的未来中国仍具重要价值，乃是不争的事实。

但与此同时，对于以村落为研究单元的批评一直不绝于耳。美国学者施坚雅的批评可谓尖锐："研究中国社会的人类学著作，由于几乎把注意力完全集中于村庄，除了很少的例外，都歪曲了农村社会结构的实际。如果可以说农民是生活在一个自给自足的社会中，那么这个社会不是村庄而是基层市场社区。"[②]在施坚雅的"市场圈"理论之后，又陆续出现了祭祀圈、婚姻圈、联村组织等研究范式，对村落研究模式予以拓展，努力将村落单元置于更大范围的区域社会脉络中予以理解。毕竟，村落社会并非村民的简单集合，村民生活也并非只与村落有关。自古及今，村民与村外世界联系的普遍性是无可置疑的。[③]

围绕村落作为研究单元的种种争论，有相当多的误解在内。比如：对于村落生活共同体的基本理解，是被动、静态，还是动态、开放？争论双方其实是基于不同的预设。村落研究，如果将村落理解为动态、开放的社区，就应该成为从村落出发的研究，以小见大地拓展个案研究的价值，而那种从较大区域展开的研究，如果将村落理解为被动、静态的社区，也不见得就一定贴

---

① 参见刘铁梁：《村落——民俗传承的生活空间》，载《北京师范大学学报(社会科学版)》1996年第6期。最近，他对此作了更明确的表述："村落被民俗学者视为田野调查的最佳场域，也是最基本的空间单位……民俗学把村落作为一个整体的小社会进行观察和分析。在村落中观察到的民俗文化事象，具有时空的限制意义。"(刘铁梁：《"深描"中国村落文化变迁》，载2017年7月10日《中国社会科学报》)

② [美]施坚雅(G. William Skinner)：《中国农村的市场和社会结构》，史建云、徐秀丽译，中国社会科学出版社1998年版，第40页。

③ 即使在前现代化时期，村落本身也不可能像老子所说的"鸡犬之声相闻，民至老死不相往来"，如多村共用一庙、信仰仪式的村落轮值等。当代学界热衷于以"古村落""传统村落"等为研究对象，频繁使用"原生态""原汁原味""本真性"等概念，其实都是以将封闭自足视作村落的"典型"状态为预设的。

近了“农村社会结构的实际”。其中的关键,是对于乡村社区与村民主体之间互动关系的理解,而不在于所选择的研究单元的大与小。即便是规模不大的村落,毕竟也是民众多种力量共存的、活态的生活共同体。其实,在中国乡土社会研究中,真正让人遗憾的是对于村民主体性的轻忽或漠视,这是在上述研究模式中一直未能得到根本改变的死角。

二、村落研究,应聚焦民众主体

绝大多数的村落研究,往往将民众的文化笼统地归于“民俗”,似乎民众的文化生命是以“民俗传承”来丈量或维系的。厘清民众与民俗的关系,将有助于拨开笼罩在村落研究中的多重迷雾。民俗,究竟是民众自发的文化创造,还是基于“一二人倡之,千百人和之”的精英引领,抑或不过是国家大一统进程中“礼化为俗”的结果?细究之,上述三种观点虽都不免以偏概全,却也都道出了民俗的某一要义。若将三者统观,庶有助于对“民俗”乃至村落的理解。

首先,民俗的本质是民众主体的文化创造,自无可置疑。民俗传统,即民众在长期生活实践中,以约定俗成的方式促使某种价值规范发生从世俗到超验的升华过程。值得注意的是,这一升华过程绝不是一朝一夕所能成就,也并非一成不变,而是在民众生活共同体内部始终蕴含着多变的可能,呈现出活态性质。同时,再有力的国家行政运作,也无法随意篡改民俗传统或改变村落社会的民众主体性质。近年来对于当代村落的近距离观察,使我们更加确信:在当下新型城镇化的浪潮中,民俗传统不仅没有遁隐,而且变得更富弹性与多元。时至今日,某些村落的发展轨迹时显诡异,其“突然终结”与“奇迹再生”之现象让人大感迷惑。究其实,民众力量在社会剧变中的屈抑与释放当是理解这一现象的重要维度。

其次,自古以来,民俗的形成与发展均离不开知识精英的引领作用。我们在田野作业中发现,很多民俗传统一开始是作为事件应激之文化反应而出现的,如村落形成之初的生存所需、灾乱年头的秩序维持、太平时期的发展机遇捕捉等。这种因应激而形成的文化反应,不会随着事件的完结而迅即消失,而是沉淀、扩散到地方生活中,形成社会经验,此后又会在后发的事

件应激中被运用，最终磨合成一种社会行为模式。在应激事件、应激性文化反应与社会行为模式的互动过程中，离不开少数文化精英的有意识运作，并最终使之沉淀为乡土民俗。恰如“民俗”之作为现代学术概念，也是伴随着现代城市化的发展进程而为知识精英所发明并设置意义的。正像铃木正崇所说：“直到近代，‘民俗’与‘传统’在消灭和生成的间隙中得以发现。”[①]不过，少数知识精英的引领作用，从来是与其“适于时而合于势”的行为选择密切相关的。兹以地方志书中的灾荒记录为例予以简单说明。地方志书中总是凸显地方精英的非凡作用，比如为减税急赈而为民请命、订约立碑以控制社会秩序等，而将一方民众作为背景因素，至多以“民不聊生”“饥民四起”等语大略言之。这显然并非社会事实。实际上，精英的行为往往是受地方社会情势所激，其对于当时国家政治态势的估测，与对于地方民众心理的揣度，为其行为选择提供了关键性依据。但作为地方社会情势重要构成因素的民众，却在地方志书中被大大忽视了。

再次，中国很早以来就已形成所谓的“礼俗社会”，传统中国作为一个复杂社会系统，在民间生活与国家政治之间有着复杂而深厚的同生共存关系。纵观一部中华文明传承发展史，国家意识形态经常借助对民俗活动的渗透而在乡村生活中贯彻落实，形成“礼”向“俗”落实、“俗”又涵养“礼”的礼俗互动的政治框架。礼俗互动，既包括民众向国家寻求文化认同并阐释自身生活，也体现为国家向民众提供认同符号与归属路径。换言之，借助民俗文化的生机跃动，民间社会始终发挥着对于主流文化的葆育能力。以此为基础，在中国社会悠久历史进程中的“礼俗互动”，就起到了维系“国家大一统”与地方社会发展之间平衡的作用。[②] 国家政治与民间自治之间的互动关系，不仅形塑着社会组织的基本形式，也由此产生了社会生活层面的文化交织现象：“国家对村落的政治干预与民间自治之间有长期互动的历史，结果是形成了今天(家族村落)聚落联合体的基本组织形式。”[③]以此理解中国大地上的众多村落，庶有较通观的眼光。

---

① ［日］铃木正崇：《日本民俗学的现状与课题》，赵晖译，载王晓葵、何彬编：《现代日本民俗学的理论与方法》，学苑出版社 2010 年版，第 3 页。

② 参见张士闪：《礼俗互动与中国社会研究》，载《民俗研究》2016 年第 6 期。

③ 刘铁梁：《传统乡村社会中家庭的权益与地位——黄浦江沿岸村落民俗的调查》，载《北京师范大学学报(社会科学版)》2001 年第 6 期。

三、村民口述的意义

走进村落，不仅要关注“民生”，而且要体察“民心”，感受民众生活史与心态史的双重意义。面对民众的生活与文化，传统的学术工具似乎不那么灵光了。

比如，我们在村落调查中，经常有各种各样的困惑。为什么历史上的某一事件，会频繁地被村民表述，还被表述者加上了许多的发明和创造？不仅如此，看起来离“真相”越来越远的表述，反倒经常成为后人的话题中心，并在现世生活的裹挟下发生效用，而事件本身(即所谓“真相”)倒不见得重要了。还有，为什么是历史上的这一事件而不是另一事件，频繁地被这一地方而不是另一地方的人不断关注，并“折腾”出了这样的而不是别样的传统？有果必有因，有事必有人，民间自有其文化选择与传承的机制——没有关注，就不会有表述；没有关注和表述，就不会有传统的发明和创造。

显然，前者关注的是一种文化传承的线性历史，后者则关注其内在结构逻辑，耶鲁大学教授萧凤霞试图以“结构过程”[①]涵括二者。要想真正地解惑答疑，就必须在具体的区域社会空间中将二者结合起来，关注某一传统从过去到现在的建构过程与多元指向，并特别聚焦其主体表述。这一研究模式的策略是，一种传统在不同时代留下的表述有或微或巨之别，而就在种种表述的同异之中，蕴含着区域社会发展的历史脉络与内在逻辑。因此，我们的工作首先是挖掘各种表述，然后在各种表述之间寻找关联，总结民间叙事的特征，并在此基础上还原“社会事实”，建构逻辑关系。鉴于历史上官方、知识精英与民众的互动情形驳杂不一，我们今天所见的“传统”基本上都已经历过无数次改写，只是我们难以知情罢了，因此必须保持足够的警觉。这也意味着，我们在关注传统的线性历史脉络的同时，要特别关注地方社会中人的创造能力及创造逻辑。

用这样的眼光看，民间口述材料中所谓的“随意性”，不但不应是拒绝采信的理由，反倒要视为民间叙事乃至地方生活的应有特征，为我们解读历史

① 萧凤霞:《廿载华南研究之旅》，载《清华社会学评论》2001 年第 1 期。

提供了一种相对稳实可靠的地方逻辑。一个人(当然也包括多人)对于同一事件的不同表述,既可以是基于生活状态与交流情境不同而形成的差异,也可能是他对事件表述的不同侧面的选择,还可能是他自身"觉昨非而今是"而有所改变的结果。叙事者,既是能动的个体,又会受到国家历史进程与地方社会发展格局的影响。更重要的是,国家历史进程与地方社会发展并不是作为人类个体活动的静态背景而存在的,而是通过无数个体的能动性活动才得以实现的。个体与群体的叙事及其他行为,对于地方社会发展与国家历史进程的推动作用,至今尚难以准确估测,但在它们之间存在着至为复杂的关联与互动关系,则毫无疑问。因此,民间叙事基于村落生活而呈现出的所谓"随意性",不但不是田野研究的绊脚石,反倒蕴含着学术进步的契机,因为这是理解村民的历史观、价值观的必由之径。

村落中的民间叙事,还会努力保持与地方志、族谱、文人著述等文字传统的一致性。比如,它们都倾向于将本地区的历史与文明传统演绎得悠久古老,竭力与上古圣贤、神灵怪异建立关联,以贴近"人杰地灵"的叙事逻辑。显然,地方社会一直在不断地重新定义和建构自身传统的神圣与伟大,只不过官方和文人的叙事多以县境为单元,村民则多以村境为指向,官民之间经常发生的"文化合谋"即在此背景下展开。这与现代婚礼上对于恋人"缘分"的演绎,电视选秀者对其生平际遇的"赋值"等现象,如出一辙。其中的关键是如何建构叙事的合理性,以感染受众,并挟以自重。由此可知,执着于对民间叙事证实或辨伪的学者,既难以理解历史,也不能洞悉民众智慧。

村落研究,是不能不将历史学与民俗学、人类学的研究方法加以综合运用的。就村落史研究的学科传统而言,历史学追求历史真相,其研究注重证实或辨伪,而民俗学、人类学则关注民众如何记忆历史,以及为什么这样记忆历史。村民的历史记忆可以是虚构的、附会的、可改变的,因为它指向的是意义。比如,在山东各地的移民传说中,潍水以西大都说是来自山西洪洞大槐树(有的强调是由河北枣强中转而来),潍水以东的胶东半岛则普遍流传着"小云南移民"的说法。虽然众口一词言之凿凿,但在历史上不可能村村如此。然而,人们还是将传说演绎为一种显赫话语,争相讲述、争论与传播。在争来说去之间,这一传说就被广阔地域的人们演绎为一种有意义的历史记忆,衍生出文化认同、精神安顿等现实意义。克拉克认为:"人类学者

一向比社会学者和历史学者对于历史意义的重要性更为敏感。和'什么事实际上发生过'同样重要的，是'人们以为发生过什么样的事'，以及他们视它有多么重要的。"①真正的村落研究，不仅是在为包括历史学在内的多种学科提供民众口述资料，其实还有更为重大的使命，就是挖掘和呈现民众生活实践中的文化创造及其价值建构。遗憾的是，后者至今仍为包括民俗学者在内的众多学人所轻忽。

四、以学者与村民合作的民俗志书写方式，推进当代村落研究

近年来学界劲吹"田野风"，进入村落成为时尚。特别是有老建筑遗存的古村，学人更是纷至沓来。热衷于进村者，并非都出于对村落价值的珍视与对村落发展的关怀，但对村落的影响却是强大而持续的。在这一切的背后，是国家战略聚焦乡村，社会资本涌入乡村，乡村成为当代社会的"宝地"。

历史告诉我们，乡村社会的良好发展是国家长治久安的基础。不过，在此时此刻，如下追问也许并非多余：我们真正了解我们匆遽进入的乡村吗？我们所理解的、要保护的乡村文化生态是自然真实且可持续的吗？我们的意愿也是生于斯长于斯的众多父老乡亲的愿望吗？这方水土会因我们的进入而更加美好吗？须知，在"现代化发展"这一庞然大物面前，乡村自然与人文生态系统是何等脆弱，而乡村所积淀的传统智慧对于人类未来发展则弥足珍贵，任何人、任何力量都无权损之毁之。广阔的农村天地首先需要被准确认知，然后才有可能"大有作为"。面对村落，如何才能更好地认知、更深入地理解与更准确地描述呢？

就本套丛书的众多作者而论，虽然早先在博士、硕士学位论文的写作过程中，已对村落有相当了解，但受到学位论文写作时间的限制与研究能力的制约，其村落民俗志描述少有村民的内部视角。我们期望在这套丛书的写作中，通过学者与村民的深度合作，尽量多地呈现二者的不同视角，尽

① [美]克拉克(Samuel Clark)：《历史人类学、历史社会学与近代欧洲的形成》，贾士蘅译，载[加]玛丽莲·西佛曼、P. H. 格里福编：《走进历史田野——历史人类学的爱尔兰史个案研究》，(台北)麦田出版股份有限公司1999年版，第386页。

量多地留存鲜活的乡土气息。

1. 对于村民的内部知识，不妄加评论，而采用现象描述的方式，呈现真实的民众心态。

初入田野者，最常见的毛病便是盲从自己的知识“先见”，乍见村落种种现象，就匆匆忙忙做类型区分和价值判断。比如，对于村民信仰活动，或要评判是否迷信，或要区分是道教还是佛教。这样的知识“先见”，其实是基于对中国社会的肤浅理解。看似荒诞不经的言行，往往背后蕴含着民众的真实心态，是解读村落心史的难得资料。本套丛书中《胡集村》一书的作者王加华，曾携初稿进村交流。村民以当地说书前惯用的几段开场白[①]为证据，坚持认为本村起源于春秋时期，已有 2000 多年历史。这一说法无疑是非历史的，却正反映了村民希望将本村历史拉长与神圣化的真实心态。作者最终定稿时，对此就没有予以简单地抹杀或揶揄，而是在列举地方志书中的“明初立村说”之后，呈现村民的“春秋立村说”及其依据，同时保留村民的其他说法，这无疑是确当的。

当然，在学者与村民的交流中，也会有村民揣摩学者意图而对村落内部知识加以改装，往学者这边贴靠。这既与现实生活中学者话语的强势地位有关，也表现出村民对外来话语（包括学者）的利用心态，后者尤其值得注意。一些有见识的村民，一旦察觉到学者话语有助于所在村落的“增值”，往往就会抛弃己见，欣然赞同学者的说法，甚至热心地帮助寻找证据。虽然这也是村落知识增长的一种方式，但目前却还处于不稳定状态，需要将之与村落中比较稳定的知识范畴相比照，否则，我们对村落的理解就不免浮光掠影。

2. 丛书最后特设专章“村里的人　村里的事”，附录“重要民俗资料提供者简介”与村民所用文献，以凸显村民的主体叙事视角。

“村里的人　村里的事”专章的设计，意在以词条单列的方式，突破传统村落民俗志书写的静态幻象，在以事带人的生动描述中展现村落中的特

① 胡集书会汇聚南北说书人，常用的开场白有：“道德三皇五帝，功名夏后商周，五霸七雄闹春秋，顷刻兴亡过手。”“孔夫子周游列国，子路沿门教化。柳敬亭舌战群贼，苏季子说合天下。周姬佗传流后世，古今学演教化。”“扇子一把抡枪刺棒，周庄王指点于侠。三臣五亮共一家，万朵桃花一树生下。何必左携右搭。”

色文化。要想做到这一点并不容易。如张士闪和张帅在完成《洼子村》一书初稿后，曾专门回村细读给 7 位老人听，在热烈的讨论交流中，重新审视或矫正书中的原有观点。有村民尖锐地提出，原书稿过于突出巫婆神汉、善人及其信仰活动①，应该为本村烈士、支前英雄“树碑立传”，突出“教师村”的形象，并提供了相关资料。我们据此进行调整，新增“教师村”“红色记忆”两个词条，与原有的“公事总理”“礼仪人家”“善人”等并置相映，就明显合理多了。这一修改书稿的过程，其实是学者与村民的两种叙事风格的并置与互动的过程，由此形成的村落民俗志自然会较前丰厚许多。

重要的民俗资料提供者，通常属于村民心目中“会看事”“会办事”“会说话”的人，经常代表村民向外人表述“村落文化”，其话语当然也会经过其自身的选择、加工而具有个人色彩。我们需要进一步观察，大多数村民会认同他作为村落文化代言人的角色吗？不善于对外人表述的大多数村民，如何评价他的话语？学者的到访，是促成了村民对其话语的接受还是相反？这些都需要格外留心。书后所附“重要民俗资料提供者简介”，意在呈现其个人基本信息，供读者进一步了解与思考。

书后所附的村民文献，与学者所撰写的正文文本形成有趣对比。学者与村民之间，注意点不同，知识储备、思想局限有别，而对村民村事的价值预设也差异明显。比如，围绕同一个村落的民俗志表达，学者所感兴趣的是如何呈现其所理解的“村落”，往往是看了地方志、地图、家谱、碑记等以后，再去跟村民交流，有时候还会事先阅读相关论著。当今学者还会特别看重祠堂、庙宇、信仰仪式、巫婆神汉等，认为这代表了地方文化生态的完整性。对于村民而言，村落则是他们身在其中、终身归属的“家园”。曾记得在 2002 年，洼子村的几位村落精英接受村委会布置的一项任务，要向外来民俗专家介绍村落文化，他们将之分解成“村志”“民俗概况”“文化教育概览”三部分，分别撰文描述。显然，他们将“村落文化”理解为历史、民俗与“高层”文化（并视为本村的特色文化）等三大层面，这一分类颇有见地，对于我们今天理解村落及民众心态仍具启发性。

长久以来，中国乡村社会经过反复的礼俗教化，形成了基于农耕经济

① 张笃杰：“看了这书，外人还以为洼子村就知道整天烧香拜佛呢！”张笃杰，山东省淄博市淄川区罗村镇洼子村人，长期担任中小学教师、校长，现退休在家。

的社区共享传统，它以乡村公共利益的高度共享来实现乡土社会秩序的长期稳定，以社区节庆、生活礼仪、生产互助、乡规民约、信仰仪式等民俗传统为传承载体，构建起中华文明绵延不断的社会基础，也是支撑当代中国乡村可持续发展的重要文化资源。当代学者应服务当下中国社会发展的现实需求，扎根村落，深入传统，以此为基础提炼研究方法与理论，建构田野研究的中国话语。我们这套丛书愿意在这一学术方向上进行尝试，抛砖引玉。

最后还要说明的是，这套丛书写作时间正值暑期，尽管各位作者都有博士、硕士学位论文的研究基础，但因丛书定位所强调的视角转换，需要大量的补充调查，有的干脆是返工重做。今夏大热，感谢各位作者不避酷暑，按时完成撰写任务。因时间匆遽，本套丛书不尽如人意之处，敬请读者诸君批评指正。

张士闪

2017 年 8 月 31 日

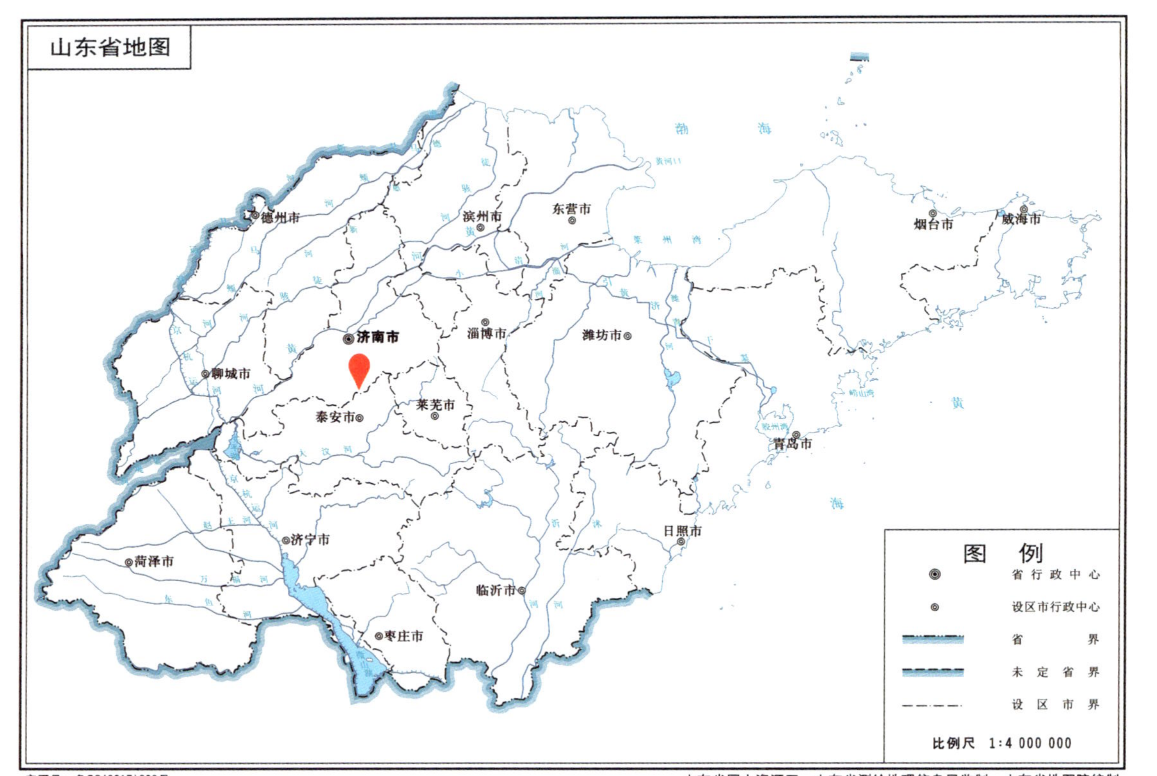

山东省地图
德州市
滨州市
东营市
烟台市
威海市
济南市
淄博市
潍坊市
聊城市
泰安市
莱芜市
青岛市
济宁市
菏泽市
临沂市
日照市
枣庄市
渤
海
黄
海
图 例
省行政中心
设区市行政中心
省 界
未定省界
设区市界
比例尺 1:4 000 000
审图号：鲁SG(2017)098号
山东省国土资源厅 山东省测绘地理信息局监制 山东省地图院编制

黄巢村地理位置示意图

目录

第一章 生活空间

一、黄巢山水

黄巢村位于济南市柳埠街道办事处西南方向，藏身于泰山背后的山坳里，东面是碧波荡漾的黄巢水库，西邻国家级森林公园——药乡林场，南面是蜿蜒盘绕的古齐鲁长城遗址，北面是唐末黄巢农民起义军的古战场——交战岭、死人沟。

在 20 世纪 40 年代初印制的《济南名胜古迹辑略》一书中有这样的记载："长城岭，在柳埠南，又东北而北分者，为交战峰。岱北诸山无高于交战峰者。又北为回龙山，又西北为灵鹫山，山之西有九塔寺。"[①]长城岭，位于县境南部、柳埠南 11 公里。西起清阳台，沿泰安县境蜿蜒东伸，再向东北经长城岭、天马顶、梯子山、南天门至章丘县境四界首，全长约 21 公里，主峰海拔 869.8 米，因山上还存有齐国长城遗迹而得名。[②] 1984 年被定为县级重点文物保护单位的齐鲁长城遗址，位于柳埠镇西南端与泰安交界处。经该镇境内的长城，西自西南窝铺长城岭、黄巢村南的城墙岭进入药乡林场，东至西

① 王化东编:《济南名胜古迹辑略》,1940 年印制,第 20 页。
② 参见山东省历城县志编纂委员会编:《历城县志》,济南出版社 1990 年版,第 61 页。

黄巢村俯瞰图(孙广汉供图)

营镇东南岭四界首,现存有高 50 厘米左右的遗迹。齐鲁长城建筑在可通行的各山之中,蜿蜒起伏,长达 70 公里,因年久失修,不少地段已塌陷。有学者认为该城墙建于战国时期,不可一世的楚国欲穿越鲁国侵占齐国,齐鲁两国唇齿相依,齐王便与鲁王商议在齐鲁之间筑一城墙,以备楚兵破鲁攻齐之防守。① 长城岭是历城与泰安的交界线,海拔在 900 米以上。历城南境的山和水,以长城岭为界,岭南水皆南流,岭北水皆北流,故长城岭又名"分流山"。② 村妇女主任陈玉兰说:

> 在这一带一直流传着孟姜女哭倒长城的故事。据说在很久以前,修筑齐长城的时候,孟姜女的丈夫累死在长城上,他的尸体就埋在长城下。新婚不久的孟姜女听说后,来到长城上寻找丈夫的尸体,她扑倒在长城上哭得天昏地暗,一直把长城哭得倒塌了。现在你看到的这些塌陷的城墙,据说就是孟姜女哭倒的。

① 参见政协济南市历城区委员会、文史资料研究委员会编:《历城名胜古迹》,载《历城文史资料》第 8 辑,1997 年印制,第 64 页。

② 参见历城区区志地名办公室编:《历城区概况》,1987 年印制,第 3、20 页。

因此，当地村民传说孟姜女哭倒的是齐长城，而不是秦朝秦始皇修的秦长城。站在齐长城的遗址上，我们看到，现存的长城两边都是用石块砌垒起来的，中间用土夯实得很结实。城墙的顶面有的地方宽 2 米，有的地方宽 4 米。据村里一些老年人介绍，早些年他们来这里种庄稼时，那中间的土根本刨不动。他们说，古时候我们历城这一边是齐国，而泰安那一边就是鲁国。遥远的战国时期，这里是一座山头分开的两个国家，跨前一步，就算出国了。放眼远望，泰山余脉连绵。①

交战岭是黄巢最后兵败之地，也是黄巢战死之地。它就在黄巢村北，是一片地形险峻、易守难攻的山岭。从远处看，山岭上净是嶙峋突兀的巨石，在石头的缝隙里错落不一地生长着枯草、栗子树和核桃树。据黄巢村老辈人讲，当年黄巢率领起义军与唐朝官兵在这里激战七天七夜，起义军凭借天险把守，一次次把冲上来的唐兵打下去。当时战场上血肉横飞，惨叫声、喊杀声声震数里。最后，起义军寡不众敌，在交战岭一条深谷里全军覆没，黄巢这位叱咤风云的农民起义领袖也在此自刎身亡。这条深谷从此便被老百姓称为“死人沟”。据说，当时的死人沟里血流成河，尸横遍野。现在的死人沟已没有当年那么可怕，它从山顶一直蜿蜒到山脚，宽 10 几米，山谷里填满了大大小小的石块，所以看不到谷的深度。有的村民回忆说，小时候扒拉开

“死人沟”(史兆仁摄于 2017 年 8 月 23 日)

① 参见孙广汉:《齐长城——柳埠黄巢段》，2017 年 8 月 15 日，http://www.yigecun.com/cityfild/showad.aspx? id=0513FAFEBD4CF0A8，2017 年 9 月 7 日访问。

死人谷里的石块，发现石头里面有血迹一样的红色。村里的老人们说，这是当年黄巢的士兵们留下的血迹，并警告孩子们别去挖谷里的石头。

黄巢水库在村子东面，绵延于黄巢村头，把小村半抱于怀中。站在大坝上看，整个水库像一条巨龙，周围通向水库的四条小河就好像巨龙的四条腿，大坝两边的两座山头陡峭高耸，恰似龙头伸出的两只龙角。据村民们讲，到夏季的时候，从大坝泄洪闸里汹涌而出的水流既像一个大瀑布，又像龙头在吐水，场面甚是壮观。整个水库绿波荡漾，清澈见底，紧紧环绕着黄巢村。四周青山倒映，青山绿水，景色宜人。交战岭和黄巢村隔着水库遥遥相望，从阵阵的波浪声中，仿佛又听到当年黄巢起义军奋勇杀敌的嘶喊声。

黄巢水库(孙广汉供图)

黄巢村海拔在420～619米之间，年平均气温13℃～14℃，无霜期170天左右。主要气候特征是：季风明显，四季分明，冬长而严寒干燥，夏长而炎热多雨，雨量相对集中，秋温高于春温。黄巢地形以块状分布，地势呈倾斜状，海拔由东南向西北逐渐增高，登上西边的最高山可看到泰山。村内共有4条河流，分别为大南沟河、北沟河、南河、东西大河。第一条河流是从由山泉和降雨形成的大南沟水库流出的，其余三条河流向西南汇入黄巢水库。这些河流均属于玉符河水系锦阳川河流。玉符河，北朝郦道元《水经注》卷八《济水》称“玉水”，是济南南部山区的主要水系，也是趵突泉主要的地表水补充水源。锦阳川，因其位于仲宫、锦绣川之南，故又名“南川”。该河源于柳埠长城岭下的窝铺峪，从长峪向东北经黄巢、于科、龙王崖至窝铺，经岱密庵、㭎疃到柳埠，与发源于长城岭经簸箕掌、桃科、涝峪、龙门庄来的东北峪之水以及源于卧龙池、柏树崖南来的亓城峪水和从柴家庄经泥淤泉、阎家河、田家庄来的西南峪之水相会于柳埠成川，向北流经西坡、突泉、门牙、大小并渡口入卧虎山水库。锦阳川河槽宽 50～220 米，全长 32 公里，流域面积 181.9 平方公里。①

黄巢村有两个水库。一个是三龙潭水库，位于窝铺峪的上游，龙王崖村南 500 米。上游封山造林较好，水土流失较轻，流域面积 15.1 平方公里，长流水在一般年份为 0.2 立方米/秒。② 坝址附近土很少，多为花岗岩石，不透水，有修水库的天然条件，也就是口小肚子大，工程小，蓄水多。1959 年，该水库筑造完成，为 22 米高的土坝，蓄水 50 万立方米。1966～1967 年又进行了改扩建，设计为洪水 300 年一遇标准，坝体改建成浆砌石拱坝，坝长 127.8 米，高 48 米，库容量达 520 多万立方米，灌溉面积达 3000 亩，水库更名为“黄巢水库”。另一个是大南沟水库，其流域面积为 0.88 平方公里，在柳埠公社黄巢大队大南沟，1966 年秋开工，1967 年汛前竣工，设想洪水 30 年一遇，按 24 小时降雨 260 毫米计。

大南沟水库(史兆仁摄于 2017 年 8 月 23 日)

① 参见山东省历城县志编纂委员会编:《历城县志》,第 70 页。
② 参见山东省历城县志编纂委员会编:《历城县志》,第 70 页。

在黄巢水库下游，有一片高约20多米的山崖异常挺拔俊秀，当地人叫它“窟窿崖”。山崖壁上满是整齐光滑的巨大石块，缝隙里顽强地生长着绿色植物，把山崖点缀得生机勃勃。在这片山崖的中间部位，有一片石壁呈深褐色，与山崖上其他石块相比颜色要深许多。原来，深褐色石块的顶部有一个闸口。一到雨季或周末，人们就会打开这个闸口，黄巢水库里的水便通过闸口，沿窟窿崖奔涌而下，形成一道壮观的人工瀑布。20世纪70年代，重修黄巢水库完工以后，接着又开始了东西干渠的修建工程。当西干渠修到窟窿崖时，设计者别具匠心地在这里修建了一处放水闸。因此，每当水库放水时，这道人工瀑布便展现在人们面前，引来许多游人在此赏景、拍照。

窟窿崖瀑布(孙广汉供图)

2005年春节过后，黄巢村民热火朝天地开展了黄巢小流域河道综合治理工程:把村内的东西主河道拓宽20米，河道两旁修上旅游路，河道内每隔50米修一塘坝，将村西头河道改建成人工湖。现在，砌垒河道的第一期、第二期工程都已经结束，这样就解除了夏季汛期中部分农户的房屋和部分田地被冲毁和淹没的威胁，而且为下一步的农业观光旅游的发展打下了良好的基础。

山环水绕的自然风貌如今正在给黄巢村人带来巨大的经济利益。每到节假日，游人们或坐着公共汽车，或驾驶私家车，呼朋引伴地来到村里。有的喜欢登高赏景，有的偏爱水边垂钓。饿了，就在村边的农家乐尝尝农家饭。黄巢村成为久居城区的人们放松身心、自驾游玩的休闲生活好去处！

大南沟水库整治工程
（孙广汉供图）

利用挖掘机辅助主河道整治工程
（孙广汉供图）

参与河道整治工程的部分村民合影（孙广汉供图）

二、村落的社情民情

黄巢村 1985 年有 304 户，1087 口人，劳动力 484 人，其中从事农、林、牧业的有 329 人，从事工业的有 28 人，从事建筑业的有 55 人，从事其他行业的有 28 人。土地总面积 3.165 平方公里，其中耕地面积 900 亩，林地面积811.6 亩。2004 年，全村干鲜果品总产量达到 135 吨，农民人均纯收入 3238 元，集体经济收入 392 万元。从中华人民共和国建立以来，该村行政组织先后经历了黄

巢公社、黄巢生产大队、黄巢村三个不同阶段。在黄巢大队时期，归属历城县窝铺乡，后归属柳埠镇窝铺办事处。黄巢大队时由 15 个自然村组成，共 823 户，3352 人，53 个生产队。其中黄巢村（自然村）有 13 个生产队，142 户，1057 人。① 1985 年 1 月 17 日，黄巢大队分为 7 个行政村，即黄巢、葫芦套、蔡峪、裁缝峪、榆科（现更名为“于科”）、长峪和车子峪。②

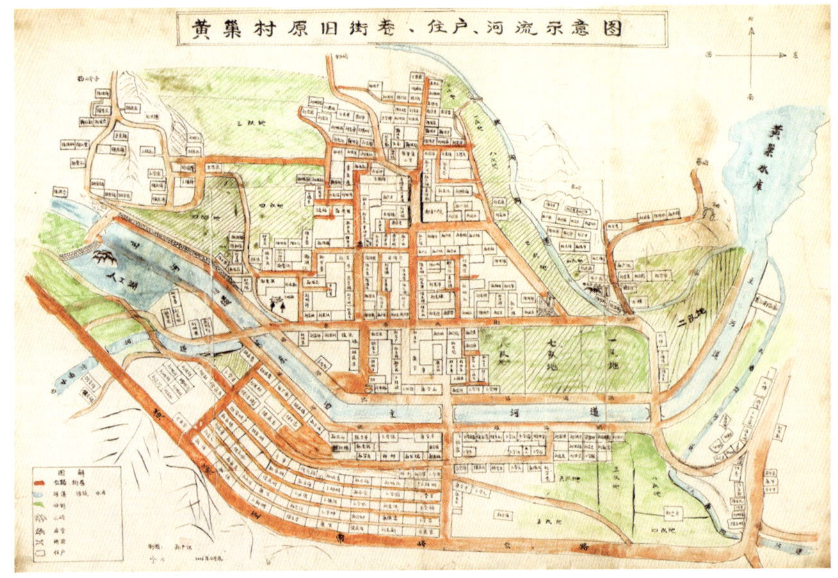

孙广汉 2006 年所绘《黄巢村示意图》（修复：鲁元良　摄影：周坤）

黄巢村是一个杂姓村，有 30 多个姓，刘、孙、陈、卜姓是大姓。但有的大姓同姓不同宗，如刘姓有 3 宗，孙姓有 3 宗。村里的住户多是早些年为了躲避战乱或者讨生活从别处如岱密庵、槲疃、大会、南康、北康、二仙等地迁来的。村民有种说法：“柳埠往上，全是亲戚。”在这样一个多姓村，宗族活动的影响力比较有限，而姻亲和近邻的作用在村民的日常生活中显得极为重要。村里不同姓氏间可以互相通婚。家庭人口规模多为 3～4 人。儿子婚后一年之内通常就会与父母分家单过，老人住老屋，儿子住新房。生产队的建制划分在村里影响深远，村民们到现在还是说自己是“某队”的，在建房和丧葬等

① 参见历城区档案馆 1982 年 35-4-〇八五号档案《窝铺区黄巢大队人口普查统计表》。

② 参见历城区档案馆 1985 年 73-4-〇〇二号档案《分队应分款和承担债务的经济合同》。

活动中都是以原生产队为组织单位。黄巢村原来有13个生产队(现在叫"生产小组"),主要是根据当时的聚居地来划分的,每个队有队长(现在叫"组长")。原来集资和出义务工都是由队长出面安排,现在村民们遇到需要互助的情况时仍是要队长出面协调。在红白喜事时,生产队村民互帮互助;以前有几个家庭共同饲养和使用大牲畜的风俗习惯,2017年仅有村口一家还在用这种互助合作方式养牛。在修桥铺路方面,一般由政府带领,村民按人数集资修路,有时也会组织村民出劳工修桥铺路;村里的水源主要靠自家打井并安装自来水,以保持生产生活的便利;村集体产业主要由村委会来管理;平常村民之间有口角之争,一般由村民或村委会自行解决,没有发生过大规模械斗。一年中村民从事农业生产的时间大多只有两三个月,其余时间20～40岁的男性村民大多要外出打工赚钱,否则其生活就会过得捉襟见肘,甚至供不起孩子上学。以前村民外出打工从事的主要是建筑业和农副产品买卖,现在村民还可以由柳埠镇劳动服务保障所介绍到重汽、济钢等企业当工人。

"南山山楂一片红,北山核桃大又青,背阴的板栗开口笑,朝阳的柿子挂红灯。"这句顺口溜形象地说明了村中主要特产为核桃、柿子、板栗和山楂。这些特产主要卖给下乡收购的人,价格随行就市。

大南沟水库旁的一棵老山楂树(史兆仁摄于2017年8月23日)

山楂,亦称"酸楂""山里红",是济南市乡土果树,有千年以上的栽培历史。《历城县乡土调查录》中记载:

> 山楂分实楂、面楂二种，品味甚酸，常供药用，北乡及南乡一带随地栽培之，土壤含有砂质石灰性。①

柳埠镇南岔有一株百年以上树龄的大山楂树，每年产山楂 500 公斤以上，被称为“山楂王”。黄巢村也有株产 500 公斤以上的大山楂树，但未封王。2017 年 8 月 23 日，笔者在黄巢村大南沟水库旁见到一棵胸围达 1 米左右的老山楂树，极为少见，仍然枝繁叶茂，硕果累累。

核桃，又称“胡桃”，在济南市至少有 1500 余年的栽培历史。《历城县乡土调查录》中记载：

> 核桃性强健，随地皆有栽培之者。本县南部砂质壤土及具有倾斜之山场为花岗岩分解之壤土，栽培尤为佳妙。繁殖法多用种生，待其发芽长至三四尺高时再行定植，栽植时期以秋季为佳，五年后即可结果也。病害以腐朽病、黏液病为多，发现尚少。虫害则天牛、象鼻虫、蛄虫、食叶为甚，预防稍有疏忽危害非浅。②

村民在用竹竿打核桃
（董卫华摄于 2017 年 8 月 26 日）

黄巢村附近的山谷、山麓平坦肥沃处皆有核桃栽培。该村核桃树果枝短，呈鸡爪形，果大壳薄，内隔膜不发达，取仁容易，故取名“鸡爪绵核桃”，是济南市重要的出口果品之一。

磨盘柿，亦称“盒柿”“盖柿”。黄巢村出产的磨盘柿以果实个头大、中间

---

① 孙宝生编，济南市历城区政协文史资料委员会点校：《历城县乡土调查录》，山东大学出版社 2017 年版，第 56 页。

② 孙宝生编，济南市历城区政协文史资料委员会点校：《历城县乡土调查录》，第 55 页。

黄巢村的一棵柿子树(史兆仁摄于2006年初冬)

有一道凹环、形状似“磨盘”而得名。果皮橙黄至橙红色,细腻无皱缩,果肉呈淡黄色,适合生吃。磨盘柿亦可制柿饼,耐贮藏,是济南市的果品名产之一。乾隆三十六年(1771年)《历城县志》中记载:“柿十余种,南山皆有。”这说明在历史上济南市南部山区一带柿树栽植十分广泛。《历城县乡土调查录》中记载:

> 柿有合柿、扁柿、牛心柿、小圆柿之别,系由软枣砧木嫁接而养成。果实为橙黄者居多,浆汁多,味甘美,色稍红者更佳;青柿皮厚、肉坚、味涩、浆少,较逊前种。柿性强健,最忌霪雨,多栽培于砂质石灰性之土壤中。将软枣实种植之,经二三年后养成砧木以行嫁接。接木方法多行枝接法,于每年三四月间行之。接木前数日,取一种柿之一年生枝、芽之发育十分发达者,以六寸长切为数段作为接穗。以一手持砧木,一手用锐利小刀于砧木平滑面割开木质部之皮层,然后以接穗插入,务使密著,再以柔软之蒿绳缠之,宽紧适宜,不致动摇伤害为度。至四月杪当可发育,稍覆以土,任其发芽,但嫁接于圃地者,待至翌年可以定植,接木后非经三年不能结实。树之剪定无一定之方法。结果期限约达数十年,二十年前后方为收量最盛期间,以后长年月日亦结相当之果实

也。病害有黑斑、黑星、枝枯等病。虫害则有柿蜡虫、刺虫、柿实虫、蛾等，驱除方法以人工捕拿。果实由树上摘下，以梨同置缸中烘之，即行售卖，或制成耿饼贩卖外埠。每株产数十斤至数百斤不等。[①]

山区的深秋，花草树木已经凋零，但是在山间的树叶落尽的柿子树枝头，挂着一个个红红火火的“小灯笼”。

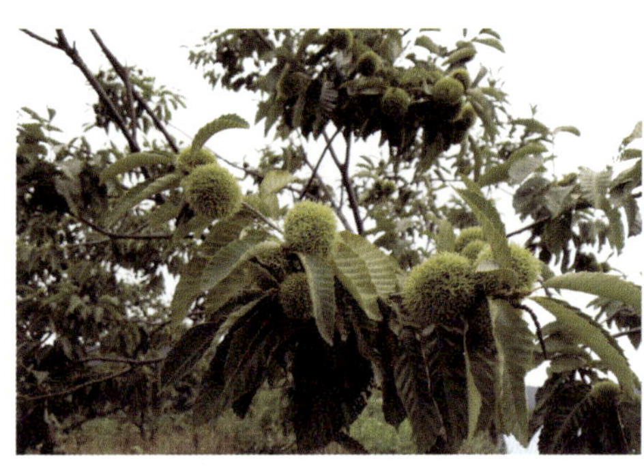

黄巢村的栗子树（孙芳摄于 2017 年 8 月 26 日）

板栗为济南市乡土果树，是著名的干果、木本粮食果树，有 2000 年以上的栽培历史。《历城县乡土调查录》中记载：

栗多生于山野，树性强健，果实味亦甘美，耐于久藏，不易腐败。多栽培于砂质土壤中，颇为旺盛，故俗有“桃栗三年”之称，即谓实生栽植后三年即结果也。繁殖法通常实生，不用接木。栗树通常不施肥料，其习性与柿同。果实于毬先端破裂则完熟矣。病虫害与核桃同。[②]

在黄巢村里可以看到很多百年以上树龄的板栗树。板栗在黄巢村的沙石山地栽培较多，数量较多的品种以明栗和红光栗为主，这两种板栗味甜、质细、易剥皮，品质上等，是板栗中的优良品种。

“七月核桃，八月栗，九月柿子红了皮（乱赶集）。”这一俗语形象地反映出当地特产的物候特点。“七月十五定旱涝，八月十五定收欠。”意思是说，这一年是旱年还是涝年在七月十五前后就能看出来了，这年收成如何在八月十五就能知道了。这些农谚都是村民根据历年农业种植经验总结出来的，同时也很鲜明地说明了当地农民收入的主要来源。

黄巢村过去还种植很多杏树，现在已不多见。清代文人董芸《济南杂咏》诗云：“万壑千岩一望迷，长城岭上碧天低。至今汉帝黄金杏，不减张公大谷梨。”[③]诗中的“汉帝黄金杏”指的是红玉杏，又名“红峪杏”“大峪杏”“御

① 孙宝生编，济南市历城区政协文史资料委员会点校：《历城县乡土调查录》，第 53 页。
② 孙宝生编，济南市历城区政协文史资料委员会点校：《历城县乡土调查录》，第 55 页。
③ 王化东编：《济南名胜古迹辑略》，第 20 页。

杏”，是原产历城的一个优良品种，也是山东省的名贵品种之一。唐代段成式《酉阳杂俎》载有：“汉帝杏，济南郡之东南有分流山，山上多杏，大如梨，色黄如橘，土人谓之汉帝杏，亦曰金杏。”[①]明代李时珍《本草纲目》记述：“金杏，相传种出自济南郡之分流山，彼之谓汉帝杏。”由此可知，红玉杏在历城栽培，距今已有 2000 多年的历史，主要分布在南部山丘诸乡镇。

近几年，黄巢村不少村民在李玉兰的引领下开始种植泰山金玉芽茶，种植总面积近百亩（其中，仅李玉兰家的茶园就占了 1/5）。黄巢村海拔近 600 米，四面环山，空气湿润，特别适合种茶，产出的茶叶味道清透，色泽鲜艳。茶园的采茶工都要接受上岗前的统一培训，以保证鲜茶采摘的工艺标准和质量要求。很多茶园还在努力通过各种渠道吸引更多的游客来黄巢村观光旅游，让游客能走进茶园体验采摘、炒制服务，喝上自己亲手采摘和炒制的茶。鲜茶种植已经成为黄巢村近些年发展起来的一个农业新项目，带动了很多农户参与其中，为许多农户带来了不错的收入。

大南沟水库旁坡地上的茶叶种植田（史兆仁摄于 2017 年 8 月 23 日）

黄巢村的基础设施建设比以前进步了很多，自来水、有线电视早已通到了各家各户。黄巢村的医疗卫生事业也有很大的发展，建立了农村合作医疗制度，在村委大院就设有卫生室。我们访谈过的村民都知道本村实行农

① （唐）段成式撰，方南生点校：《酉阳杂俎·前集》卷十八《木篇》，中华书局 1981 年版，第 174 页。

村合作医疗的事情，村民们也早早地响应党和政府的号召，加入了合作医疗，而且对这一制度都比较满意，说他们几乎都享受到了农村合作医疗带来的好处。村民每月交10元钱，每个月可以到村卫生室报销当月医疗费用的20%，每个月把单据交到卫生室后不久就能拿到钱，费用报销很及时。村卫生室的工作人员告诉我们，黄巢村在农村合作医疗工作方面是历城区的先进村，政府对这一块的经费拨款很及时，如果村民患有大病需要去大医院治疗，医药费单据交到村里，再由村里拿到镇里报销，可以报销25%。工作人员还反映，本村村民参与农村合作医疗积极性很高，只有极少数的村民没有参加，参加的人能达到全村人口的95%。

很多村民表示，对于一些小病小灾，他们都有能力自己解决，这在他们的承受范围之内；但对于一些大病，他们真的无能为力，有时为了治疗大病，很多人都会四处举债，甚至会倾家荡产，这无疑会增加农民的负担，甚至有可能因病返贫、因病致贫。虽然还有各种问题，但农村合作医疗制度确实给农民带来了福音，让农民的身体健康得到了保障。

黄巢中心卫生室(史兆仁摄于2017年8月23日)

这两年，村里年满65周岁的村民可以到卫生室免费接受一年一次的血压测试、抽血化验服务。这项医疗服务不仅惠及黄巢村本村65周岁以上的村民，连周围几个村够年龄的村民也都能来。2017年8月23日，笔者在村里恰好遇到三位去村委大院里的卫生室接受免费体检的大娘，一位69岁，一位78岁，还有一位82岁了。她们身子骨还都挺结实，都是自己走着到卫生室的，没有家人陪伴。她们对这项免费查体政策表示很欢迎。

据了解，村里的学龄儿童没有辍学的，即使是女孩一般至少也能上完初中。黄巢村小学位于村的东北部，村里适龄儿童都在这里上学（附近 6 个村的学龄儿童也都来这所小学上学），并且这个小学还有附属幼儿园。2006 年时共有小学生 300 余人，其中三、四年级各有 2 个班，一、二、五、六年级各有 1 个班，每班有三四十个学生。初中、高中要到镇里的中学去上，都要住校，每周回家一次，可以坐城乡公交车往返。现在村里文化水平最高的是陈德胜，他于 2004 年考上中科院高能物理专业的博士研究生，全村人都引以为荣。村民对子女教育的态度是：只要孩子能考上，就尽力供孩子上学，不管是男孩还是女孩。

黄巢小学始建于 1946 年 8 月，解放战争时期负责人是孙桂美、何品三，有学生 30 人，校址位于黄巢村西庙，占地 1500 平方米。1965 年迁到黄巢村东头，由董成芳、刘克云负责建新校，当时有学生 300 人，教师 12 人，6 个教学班，房屋 8 座。1975 年迁往郑家洼楼房内，六至八年级 6 个中学教学班，何品三任校长。1981 年 8 月由黄巢村东头校址迁往火石山子（六亩地）新校（现址），占地 7192.8 平方米，有教师 16 人，江传才任校长，学生 630 人，房屋 9 座，共 43 间，有院墙大门、厕所，无危房，已达到六配套检查标准。后任校长有陈洪章、李晋京、尚和军、张玉峰、陈恩茂、陈德明。1982～1997 年，建筑用地达 1138 平方米，绿化用地 1546.2 平方米，运动场地 159 平方米，教学用房 540 平方米，行政用房 90 平方米，生活用房 271 平方米，砖木结构 901 平方米。为适应农村新形势发展，经历城区人民政府牵头，于 2001 年 9 月重建高标准的三层教学楼，可容纳 8 个教学班，学生 360 人，实验室、仪器室、微机室、多媒体室俱全。2009 年暑假期间，原有平房因年久失修被一场大雨淋塌。历城区人民政府、教育局领导现场批示，拆除旧房并新建砖混平房，于 2010 年 9 月建成并投入使用，总面积达 462 平方米，教室、保健室、盥洗室综合活动室均达到省级二类标准。2014 年 3 月开始修建学生餐厅。① 可以说，黄巢村小学的硬件设施还是相当不错的，能吸引周围村庄的适龄儿童来此上学，成为区域内的教育中心。

---

① 参见孙发平、孙广汉：《黄巢小学发展建设史》，2014 年 5 月 5 日，http://www.yigecun.com/cityfild/showad.aspx? id=796661F4D7BDADD0，2017 年 9 月 7 日访问。

黄巢村小学(董卫华摄于 2017 年 8 月 25 日)

黄巢村小学教学楼和操场(董卫华摄于 2017 年 8 月 25 日)

黄巢村新集成立于 1961 年农历九月初九,地址就在村内的东西主街上,每月的初五、初十、十五、二十、二十五、三十为赶集日。前来赶集的村民除黄巢村周围的 6 个行政村外,还有泰安、本镇李家庄的村民,集市贸易非常繁荣。大集成立之时,政府还专门邀请戏班唱了三天大戏。1978 年秋,为了赶"社会主义的大集"①,柳埠镇供销社黄巢门市部负责人赵和祥将集市挪到了现在的村东头的公路上,沿至今日。②

① 所有赶集的农民都要把农副产品卖给供销社,自己需要的生活用品也要从供销社统一购买,价格由供销社确定。

② 2009 年,集市地点暂时迁回村内东西主街,后又迁回村东头的公路边。

2006年8月23日(农历七月三十),笔者对黄巢集市进行了调查。集市上的摊点大约有150家,商品种类主要有粮食油脂油料类(大米、小米、绿豆、干面条、花生、红豆、豇豆、黄豆、江米、薏米、白面、香油、花生油)、肉食禽蛋鱼类、蔬菜类(土豆、芹菜、芸豆、豆角、韭菜苔、青椒、白菜、辣椒、黄瓜、茄子、西红柿、生姜等)、水果类(苹果、桃、梨、葡萄、西瓜、橘子、香蕉、甜瓜、鲜枣等)、服装衣帽类、布匹类(也包括被面等床上用品)、日用杂品类、农业生产资料类(菜种、农药等)、食品类(面食糕点、熟肉、酱菜等)、文化类(儿童图书、光盘、文具等)、干烟叶、竹竿(每根价格为4~10元,核桃、栗子等干果即将收获,村民需要这种简单而又有效的采摘工具)。集市上还有一个理发匠和一个铁匠。集市7点多开市,到10点多钟就开始散了,摊贩们开始撤摊、收拾东西,准备离开。

柳埠镇共有6个集市,即黄巢集、窝铺集、柳埠集、泥淤泉集、李家庄集和李家塘集。根据《历城县志》中《1985年历城县集市统计表》①,这6个集市的情况如下表:

1985年历城县集市统计表

集市名称	集期(农历)	总面积(平方米)	市口数量(个)	容纳摊位(个)	日上市人数(人)	日成交额(元)
柳埠集	二、七	11000	7	1200	10000	35000
窝铺集	一、六	1000	4	300	750	3500
黄巢集	五、十	550	3	200	300	2000
泥淤泉集	三、八	200	—	130	1200	500
李家庄集	四、九	300	—	250	1100	600
李家塘集	五、十	500	3	150	400	800

由此可知,柳埠镇的每个集市开放的间隔期都是5天。除了李家塘集的集期与黄巢集相同外,其余几个集市的集期都与黄巢集错开了,也就是说,一年之中的每一天,黄巢村的村民不出本镇,都可以到一个开放的市场进行农产品交易活动,或者采购各种生活用品。因为李家塘的集期与黄巢

① 参见山东省历城县志编纂委员会编:《历城县志》,第194、195页。

村的集期相同，加上两地距离又远，所以黄巢及周边村庄的村民不去赶李家塘集。如果去赶泥淤泉集和李家庄集，都需要翻山，走很远的山路，所以去的人也很少。黄巢及周边村庄的村民经常去黄巢集、窝铺集和柳埠集。黄巢距窝铺 8 公里，距柳埠 15 公里，窝铺恰好是黄巢与柳埠的中心，也是到柳埠的必经之地。柳埠是镇政府的驻地，窝铺是办事处（以前是乡政府）的驻地，集市经济体系与行政区划体系完全一致。另外，由于办事处和镇里都设有畜牧站，有些村民会在赶集时顺便为家里生病的牲畜拿些药。

黄巢集市一角 1（孙芳摄于 2017 年 8 月 26 日）

2017 年 8 月 26 日（农历七月初五），笔者再次对黄巢集市进行了调查。

卖竹竿的薛大哥是凌晨 4 点多带着 10 岁左右的女儿从泰安黄前水库附近赶来的。他说他的竹竿 6 米左右长，一根卖 15 元，一般一根竹竿能用两年左右。他主要赶一、六的山口（属泰安市）集，二、七的麻塔（属泰安市）集，四、九的黄前（属泰安市）集和五、十的黄巢集。

卖菜的大姐把土豆、芸豆、豆角、韭菜苔、青椒、白菜、辣椒、茄子、西红柿、鲜花生等分类摆好。空闲时，她告诉笔者，她赶的是一、六的窝铺集，二、七的柳埠集，三、八的桃科或泥淤泉集，四、九的李家庄集和五、十的黄巢集。

家住窝铺的江大姐自己开着一辆面包车来卖粮食。地上摆放着大袋小袋的大米、小米、绿豆、干面条、花生、红豆、豇豆、黄豆、江米、薏米、白面等。她说她家就在窝铺的路边，原本不需要出来赶集，因为家里开店卖粮食。现在出去打工的多了，有时候店里一上午一个人都不进，所以也来赶集了，但是只赶黄巢集。不时有村民来让她下次带些粮食来，她就把村民要的粮食种类和数量认真记下来，说下个集就都给送来。

黄巢集市一角 2(孙芳摄于 2017 年 8 月 26 日)

卖锅饼的吕大姐来自泰安市岱岳区黄前镇第三峪村。这个村是泰安与济南接壤处一个 300 多户、900 余人的小村。她说,只要有空,她就来赶集卖锅饼和各种粮食,要不然闲着也是闲着。

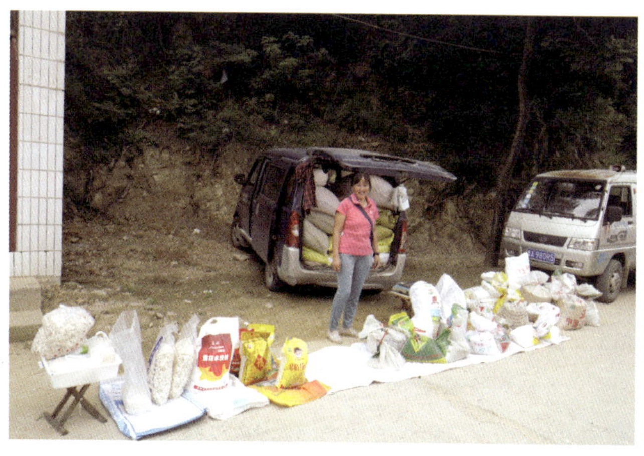

黄巢集市一角 3(孙芳摄于 2017 年 8 月 26 日)

与 2006 年 8 月的集市调查相比,2017 年的黄巢集的地点、摊位数量、商品种类、开市和休市时间、上市人数都没有太大的差异。但仔细比较后仍发现了几个明显的变化:

1. 铁匠不见了,出现了电气焊焊接服务的摊点。到 2006 年,集市上还有

个铁匠，说是从章丘来的，支好铁匠炉后用铁锤捶打的方式帮助村民整治或新制锄头等铁制农具。2017 年，笔者看到的是一个摊位上，一位佩戴专用护镜的中年男子熟练地使用电气焊技术焊接一辆独轮车的铁制框架。

黄巢集市一角 4(孙芳摄于 2017 年 8 月 26 日)

2. 村里没有理发店和剃头师傅，村民们都是等到赶集时到集市上的理发摊理发。上次集市看到的剃头师傅是位 70 多岁的大爷，这次看到的理发师傅是位 40 多岁的大姐，5 元一次的服务收费很有人气，几乎不断人。理发的大姐一头短发，身穿红白方格罩衣，一边熟练地给顾客理发，一边和顾客拉着家常。身后的那辆两轮摩托车，既是她的交通工具，也是她理发时的工具台。

黄巢集市一角 5
(孙芳摄于 2017 年 8 月 26 日)

3. 虽然村里开始种茶，但是集市上仍然有个茶叶摊，卖茶的是位 60 多岁的大爷。他告诉我，他是柳埠的，村里产的鲜茶价格太高，村民消费不起，还是得买他的茶喝。黄巢村的每个集他都会来。

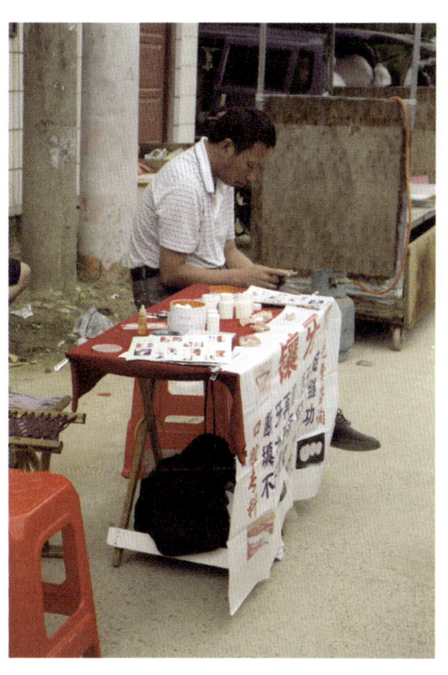

黄巢集市一角 6
（孙芳摄于 2017 年 8 月 26 日）

4.出现了一个镶牙摊位。摊主是位中年男子，在一个多小时的时间里，没看到有顾客“上门”。摊主也曾经主动地跟一位 70 多岁的大娘打招呼，问：“大娘，需要镶牙吗？”大娘回答说：“孩子已带我镶过牙了，都快一年了，挺好的。”摊主又说：“我给你看看吧？”大娘摇摇头说：“不用了。”

5.村口出现了一个出售优质型煤及炉具的摊点，在向村民推广使用清洁型煤、块煤、炉具。实施民用生活燃煤清洁化治理是 2017 年 16 项民生工程之一，政府对购买民用清洁燃煤和民用燃煤炉具进行补贴，每吨、每台补贴 400 元。黄巢村的代理村支书杜书记也很关注这个摊点，特意赶过去看看摊点的展示和销售情况。他告诉笔者，政府出于环保的目的大力提倡使用清洁型煤，但是不强求村民购买，而是采取自愿购买者享受政府补贴的方式。

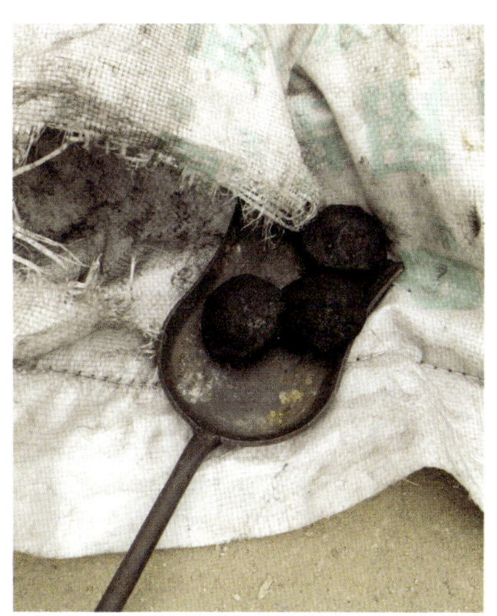

黄巢集市一角 7
（孙芳摄于 2017 年 8 月 26 日）

综上所述，周围村庄的村民每逢五、十都会到黄巢村赶集，学龄儿童要到黄巢中心小学接受教育，周围各村 65 岁以上的村民每年要来黄巢村卫生室进行一次体检，因此可以说黄巢村是一个区域性社区的经济中心和文教卫生中心。

三、黄巢村与黄巢的渊源

黄巢村山环水绕，风景秀美，原归属济南市历城区柳埠镇，现属济南市南部山区柳埠街道办事处，先后被命名为“县级重点文物保护单位黄巢起义纪念地”“省级历史文化村镇”“山东省生态旅游特色村”“省级乡村记忆工程”文化遗产单位。《五月十三祭天习俗(黄巢祈雨)》《黄巢村的传说》先后被列入济南市第一批、第二批非物质文化遗产名录。

历城地居省城，交通便利，工商发达。西周时属谭国。战国时属齐国历下邑。西汉为东平陵县，属济南郡，东汉时属济南国。晋时为济南郡治。隋时为齐郡治。唐时为齐州治，五代因之。宋时为济南郡兴德节度治。金时为山东路济南府治。元时为济南路治。明、清时为皆为济南府治。20 世纪初期，初为岱北道治，继改为济南道治。①

济南市历城区柳埠镇位于历城区政府驻地洪家楼以南 40 公里，面积 172.61 平方公里，16280 户，55155 人，辖 87 个行政村，158 个自然村。镇政府驻地柳埠。金置柳埠镇。明代又置，崇祯十三年(1640 年)属锦阳州路。清乾隆三十六年(1771 年)属东南乡。1924 年属仲宫乡。1948 年为卧龙区。1950 年设第八区柳埠乡。1956 年调整为柳埠区。1958 年撤乡建立柳埠公社。1961 年调整为柳埠区。1965 年又改称“柳埠公社”。1984 年实现政社分开，改称“柳埠区”。1985 年撤区并乡，设立柳埠镇，沿至今日。

柳埠镇位于济南南部，距市区 25 公里，素有济南“南大门”之称。柳埠东南角有县级重点文物保护单位明代古建筑天齐庙。据九顶塔碑文记载，明正德八年(1513 年)为柳埠店，清光绪六年(1880 年)为柳埠街。《山东通志》载：“柳埠镇在山东历城县南中宫镇东南二十五里，为县巨镇。”明崇祯年间《历城县志》载：“锦阳川路……柳埠镇……巨镇。”明刘敕所撰《历乘》载：“柳埠，城南九十里，历之南界也。”清乾隆年间《历城县志》载：“东南乡仙台六……柳埠庄(二、七、四、九日集)。”《续修历城县志》载：“终宫乡仙台六……柳埠(二、七、四、九日集)。”②

① 参见孙宝生编，济南市历城区政协文史资料委员会点校：《历城县乡土调查录》，第 1 页。
② 参见济南市历城区政协文史委、济南市历城区民政局编：《历城地名溯源·村名探源》，中国档案出版社 2006 年版，第 128 页。

2016年8月3日上午，济南市南部山区管理委员会成立大会在济南市历城区柳埠镇举行。济南市南部山区管理委员会为市政府派出机构，正局级规格，办公地点设在柳埠镇。这一机构主要承担南部山区生态保护和绿色发展职能，兼有公共服务、社会事务管理和市场监管等职能，先期代管历城区仲宫镇、柳埠镇、西营镇。历城区撤销柳埠镇，以其原行政区域设立柳埠街道办事处，新设立的街道办事处机关驻原镇政府驻地。柳埠街道东南邻泰安市，北邻西营镇，西邻仲宫街道，东西、南北各长15公里，辖柳埠、李家塘、窝铺、闫家、突泉5个管理区，包括87个行政村、158个自然村，计16280户、人口6万人。街道面积172.6平方公里，耕地面积5.4万亩，林地面积24万亩，距离济南市区25公里，是济南市重点生态功能保护区、省城后花园的重要组成部分。

黄巢村位于长城岭北麓，柳埠以南15公里，为县级重点文物保护单位黄巢起义纪念地。其东南为上裁缝峪，南邻葫芦套，北为下黄瓜峪。唐代称“大黄草峪”，俗称“黄草庄”。相传，唐朝末年黄巢起义大军曾在此驻兵打仗，人民群众为纪念他，将大黄草峪改为“黄巢”。《旧唐书·黄巢传》载，黄巢于882年退出长安，转战山东泰山北麓大黄草峪，后唐兵追袭，巢兵败于虎狼谷，被其外甥所杀。明崇祯年间《历城县志》载有“锦阳川路……黄草”。清乾隆年间《历城县志》载有“东南乡仙台六……黄草庄”。《续修历城县志》载有“终宫乡仙台六……黄草庄”。以上县志中均称“黄草”，而不称“黄巢”，这大概与正史中的历史观有关。但人民群众一直口口相传，称该村为“黄巢”，沿至今日。[①]

“黄草庄”之名又是怎么来的呢？《历城县乡土调查录》中有这样的记载：

> 山黄草为野生植物中最有用者，产于山岭间，高如谷穇，坚如芦苇，而叶小茎细，色系褐黄，专作居民修缮房屋之上顶。[②]

笔者在村里时，听多位村民讲，以前他们住土坯草房时，都是用黄草铺屋顶，厚度有10多厘米。因为黄草表面有一层蜡质，雨雪天气时，降水就顺

---

① 参见济南市历城区政协文史委、济南市历城区民政局编：《历城地名溯源·村名探源》，第151、152页。

② 孙宝生编，济南市历城区政协文史资料委员会点校：《历城县乡土调查录》，第52～53页。

着黄草从屋顶的最高处流下来，不会把房屋淋坏。此外，这种黄草屋顶还有很多好处。比如：结实耐用，一般能用20年左右，修缮屋顶时只需把最上面的一层黄草更新即可；能让房间冬暖夏凉，等等。虽然村民们（尤其是五六十岁以上的老人）提起黄草屋顶时，怀念之情油然而发，但是现在，他们的房屋绝大部分都已经变成了砖瓦房，这种黄草屋顶也渐渐从村民的生活里消失了。笔者在村里仔细地寻找，找到了两处屋顶仍然铺着这种黄草的土坯草房，只是都已经不再住人，颓废的外表已经让人看不出它昔日的风采，能看到的只是岁月的沧桑。2006年的初秋，笔者在黄巢村的大南沟水库边上见到了大片近一人深的山黄

黄巢村大南沟旁的一丛黄草
（董卫华摄于2017年8月26日）

1948年解放济南时许世友的指挥部（位于窝铺唐家沟）
旧址房顶上铺的黄草（孙广汉供图）

草。若是早上三四十年，它们可能早就被村民们收割完，存放在家中备用了。这种山黄草是大自然送给这些生活艰苦的山民的礼物，而山民们与山黄草的利用也体现出其与自然相伴相生的生活智慧。而“黄草庄”的旧名似乎也在给我们传达着一个古老的信息，这里过去和现在都盛产山黄草，以至于几百年来村民便以“黄草”为庄名了。

村名是什么时候改成“黄巢”的呢？根据《历城地名溯源·村名探源》中的记载，黄巢村及周边村庄的村名来历都与黄巢有关。

黄巢农民起义纪念地石碑
（史兆仁摄于2017年8月22日）

黄巢（820～884年），曹州冤句（今山东菏泽西南）人，唐末农民起义领袖。黄巢出身盐商家庭，善于骑射，粗通笔墨，少有诗才。宋代张端义在《贵耳集》中记载：“黄巢五岁侍翁，父为菊花联句，翁思索未至，巢信口应曰：‘堪与百花为总首，自然天赐赭黄衣。’巢之父怪，欲击巢。乃翁曰：‘孙能诗，但未知轻重，可令再赋一篇。’巢应之曰：‘飒飒西风满院栽，蕊寒香冷蝶难来。他年我若为青帝，报与桃花一处开。’”①但黄巢成年后却屡试不第。王仙芝起义前一年，关东发生了大旱，官吏强迫百姓缴租税、服差役，百姓走投无路，聚集在黄巢周围，与唐廷官吏进行过多次武装冲突。唐乾符二年（875年），王仙芝、尚让等在长垣（今河南长垣东北）起兵。黄巢在冤句（今山东菏泽西南）与子侄黄揆和黄恩邺等八人起兵，响应王仙芝。乾符五年（878年）王仙芝败死于湖北，尚让率余部奔亳州（今安徽亳州）与黄巢部会合，推黄巢为黄王，号冲天大将军，建元王霸，署置官属。黄巢率众攻掠江、浙、闽、粤等地，于广明元年（880年）攻陷洛阳、长安，僖宗逃奔成都。巢自号为帝，国号“大齐”。唐以官爵笼络李克用相援，大败黄巢，巢自刎身亡（一说由其外甥所杀），史称“黄巢之乱”。

① 张端义：《贵耳集》下卷，中华书局1985年版，第55～56页。

与黄巢相关的村名由来，不仅有黄巢村，而且还有以下八个村庄。

车子峪，曾称“陈家庄”，位于柳埠以南8公里，东为黄巢，北为东土门。67户，225人。设车子峪村民委员会。相传，唐末黄巢起义军曾在此山峪存放过战车，故改称“车子峪”。

井家沟，位于柳埠以南7.75公里，东邻土门，西南为香附崖，西为核桃园。4户，17人。隶属车子峪村民委员会。在唐代，此地居民原为车子峪住户。后井氏又迁此建村，故沿称“井家沟”。

东土门，位于柳埠以南8公里，东邻下黄瓜峪，南为车子峪，西为井家沟。27户，95人。属车子峪村民委员会。在唐代，此地居民原为车子峪住户。后住户增多遂建村。因此处土质多黄土层，系去车子峪必经之门户，又位于车子峪西，故沿称“东土门”。

大蔡峪，曾称“大菜峪”。相传，因黄巢起义军曾在此山峪种菜而得名。后因“菜”“蔡”字音不分，故沿称“大蔡峪”。该村位于柳埠东南7.75公里，东为龙王崖，南邻小蔡峪，北为黄路泉。57户，195人。设蔡峪村民委员会。

小蔡峪，位于柳埠东南8公里，西为上黄瓜峪，南依黄巢水库，北邻大蔡峪。65户，256人。属蔡峪村民委员会。村名来历及沿革与大蔡峪相同。

上黄瓜峪，位于柳埠以南8公里，南邻下黄瓜峪，北为罗泉崖。40户，135人。属蔡峪村民委员会。相传，黄巢起义军曾在此安营扎寨，在山峪种植蔬菜，黄瓜尤佳，故沿称“上黄瓜峪”。

下黄瓜峪，位于柳埠以南8.25公里，南为黄巢，西有黄巢水库，北邻上黄瓜峪。35户，110人。属蔡峪村民委员会。村名来历及沿革与上黄瓜峪相同，故沿称“下黄瓜峪”。

上裁缝峪，位于柳埠以南9.5公里，东以长城岭，南邻泰安市岱岳区，西为葫芦套。47户，151人。设裁缝峪村民委员会。曾称“裁缝峪”，因曾是黄巢起义军驻扎时做军服之地而得名。后来，住户增多，定居建村。因地处山坡上端，故沿称“上裁缝峪”。

下裁缝峪，位于柳埠以南9公里，东为于科南峪，南邻上裁缝峪，北为黄巢张家庄。56户，195人。属裁缝峪村民委员会。村名来历及沿革与上裁缝峪相同，故沿称“下裁缝峪”。

小黄巢，位于柳埠东南9.25公里，东北为于科，西南为下裁缝峪，西北为

黄巢张家庄。54 户，190 人。属裁缝峪村民委员会。相传，黄巢起义军曾在此驻过一支小部队，后有住户迁居于此建村，故沿称“小黄巢”。

黄巢村是由“黄草庄”改为“黄巢庄”的，而上表中的 8 个村庄则是先有地名，住户迁居建村后才有村名的。

黄巢村 98 岁的孟庆朝老人说：“听老辈人讲，黄巢在大财主杜庆江住的院里安的‘金銮殿’，黄巢是人高马大，文武全才呀。”还有村民告诉我们，村里的三官庙是黄巢屯兵的大本营，饮马湾、旗杆窝是起义军饮马和竖大旗的地方，“交战岭”和“死人沟”是起义军与唐军作战最激烈、伤亡最惨重的地方。

我们从村里的三官庙（西庙）原址的院里找到了 4 通与黄巢村有关的石碑。下面我们根据立碑时间呈现这 4 通石碑的碑文。

（一）清嘉庆十三年（1808 年）石碑碑文

此碑的刻字大小、疏密、深浅都很不均匀，很多字字迹模糊，难以辨认，有的地方好像是故意挖去的。

开□帝君祀遍天下誠感興議□其德而敬畏其威
□□灵也黄巢庄有帝君庙□□□未足為四方鉅
□赤當時感慕敬畏之心所申寄歷年□□
廟宇傾圮神□無所棲□其何以安
王□臣欲重脩獨力資財成其善書可以
申感慕畏敬之□□所培功之德□果之墓
日后子弟□貴榮花□　□是為序
住持□□□書
書人王□臣　石匠　□明□
李□三
大清嘉慶十三年　戊辰二月□□□

(二)清道光二十八(1848年)年石碑碑文

重修三官庙碑记

葢(盖)历邑东南柳埠镇锦阳川内,由齐城而上济泰之郊,古称为“黄巢庄”也。古有三官庙,阴阳迭运,乃一方之保障。由无极而生太极,本一元而生三元,名为“三元宫”也。故居坎□动补扵(于)造化,秉水掌火,德泽润夫生民,山峰叠翠,流水鸣琴之胜地也。因风雨摧残,百灵无所归依。殿宇倾颓,过者无不惨目;神像暴露,望者无不伤心。本庄善人吴存义等不忍坐视,意欲重修,独力难成,公议募化,四方乐施资财,共成盛事。重修殿宇,殿宇装塑金身,三官、观音、关圣、土地神像焕然一新,金石以垂,万年不朽云尔。

(三)清光绪五年(1879年)石碑碑文

永垂不朽
重修三官庙碑记

山东济南府历邑城南锦阳川柳埠,东南仙台六里黄巢庄,有□三官庙。阴阳迭运,天地造化,由无极而生太极,本一元而分三元,名为“三元宫”也。故居坎离,功动补于造化,秉水掌火,德泽润丰,非民之所赖于生哉。夫山峰叠翠,流水鸣瑟之胜地也。因风雨摧残,墙院坍塌,殿宇倾颓,过者无不惨目;神像暴露,望者无不伤心。合庄不忍坐视,意欲重修,实皆情愿,无不欣然,齐心协力,共成盛事。重修殿宇,装塑全身,□□关圣、三官、观音、魁星、土地神像焕然一新,金石一垂,万世不朽,云雨重修正身。

(四)清光绪二十四年(1898年)石碑碑文

万古流芳
重修三元宫碑记文

从来天地未开,无极而生太极,阴阳而交,一元而分三元,故居可离,功动□于造化，而制水秉火，德□□天生民。斯盛德之至化，乃万民之依□也。今历邑城南，仙台六□黄巢庄，历城一百一十里。此地有峰峦耸秀，如城郭之状，河水清流，似琴瑟之声，真胜地也。是村之内有三元宫一所，又有关帝庙、观音堂、五圣祠、魁星庙，由来已久矣。亿(忆)民间有尤疑艰难之事、风雨不调之时，万民祈祷者，有求必应，斯圣心之诚，孚四方之保障也。因日久年远，被风雨摧□，恒有暴雨之苦，万民岂能忍心而坐视乎？□幸有本庄首事人等愿捐资助，议谋重修，又因地寡岁歉、宫殿太多，难以成功。欲远方告助，以补其关，善念一兴，万民乐施，乃遥资良□不惮乐山渡山遐寻画工，无畏冒雨冲风。今重修之至规模务期圣久，栋宗务求光冒，愿祈神威严肃，千秋著宇宙，辉煌万古，新能彰于前而美于后，垂其名而流其芳矣！爰□□于方铭十万序。

墙中嵌有石碑的三官庙(村民所说的西庙)旧址(史兆仁摄于 2017 年 8 月 23 日)

由上可知，4 通石碑上都清清楚楚地写着“黄巢庄”，只是用词稍有不同。如下表所示：

三官庙旧址石碑上关于黄巢村村名记载统计表

石碑标注年份	碑文中关于村名的记载
大清嘉庆十三年(1808 年)	黄巢庄有帝君庙
大清道光二十八年(1848 年)	历邑东南柳埠镇锦阳川内,由齐城而上、济泰之郊,古称为“黄巢庄”也
大清光绪五年(1879 年)	山东济南府历邑城南锦阳川柳埠,东南仙台六:黄巢庄
大清光绪二十四年(1898 年)	今历邑城南,仙台六里黄巢庄

这 4 通石碑的记载清楚地表明,对于同一个村庄,官方记载和民间记载中对其有不同的称谓。在明崇祯《历城县志》、清乾隆《历城县志》和《续修历城县志》3 个不同版本的县志中称“黄草”而不称“黄巢”,而 4 通石碑则均写“黄巢庄”,碑文中对村庄位置、里社划分的描述又与县志中的记载相符。3 种县志的时间跨度恰恰包含了 4 通石碑所标注的从嘉庆十三年到光绪二十四年这个时间段。至此,我们仍不能确定村名是否是在唐代由“黄草庄”改为“黄巢庄”的,但是可以确定,自嘉庆十三年以来,在当地一直是以“黄巢庄”为名的。而村民们对这一村名的认可,恐怕还有着更为实际的原因。

中华人民共和国建立前,在柳埠一带,黄巢村以“祈雨从不落空”而出名。大周家峪村 77 岁的王廷如大爷说:

> 黄巢村的人去柳埠天齐庙祈雨时,路过各个村的土地庙都要进去拜一拜。各村村民也会戴上柳条帽在门口烧香、烧纸,用整鸡、整鱼上供,还在门口摆上绿豆汤、茶水,让祈雨的人喝。黄巢村的人祈雨很灵,天爷爷看黄巢的面子就会下雨,整个柳埠都下。

在村民看来,黄巢村“祈雨”成功是黄巢显灵,他在九泉之下还记挂着平民百姓。黄巢村只要组织祈雨一定要打出黄巢的杏黄色“龙虎”大旗。黄巢村的几位长者和村干部都说,黄巢村确实保存下来黄巢的一面大旗,每逢大旱,村民们便打出来祈雨。这面杏黄色大旗在“文化大革命”时被烧了。这些记忆和说法似乎在暗示我们,在村民们的心里,“黄巢”不是一个普通的凡人,人们已经把他看成是村落的“保护神”,甚至他的“神力”已经得到了比村落范围更大的整个柳埠镇的居民的承认。祈雨活动已经消失了几十年,但是在今天的村落里，我们还能听到老人们叙述着关于黄巢的传说故事。而水库边在原址旁新建的将军庙似乎在用一种无声的语言告诉人们：这里的人民热爱黄巢。可以说，“黄巢”在很久以前就已经成为了黄巢村的象征符号，而这个结果显然不是一天两天内生成的，肯定有一个时间过程，而这个过程长得足以让村民们认为，自从黄巢兵败后，这里就叫“黄巢”了。

第二章 生活常景

居住在黄巢村这样一个山村里，日常生活常景到底是怎样的呢？透过衣食住行、枝条编制等基本生活需要，透过村里婚丧大事的操办，我们看到的是黄巢村村民充满生活智慧的选择。

一、衣食住行

（一）衣

村民们回忆说，过去冬天穿棉衣和用狗皮、羊皮做的皮毛衣，夏天穿单褂，春秋则以夹袄为主。男女衣料皆系土布，自染杂色。

男穿大马褂子、叉裤，裸露较多，穿老弓鞋，俗称“踢死牛”。这种鞋子鞋底向前突出，并向上弯成钩状，因为相当坚硬，所以得来“踢死牛”的美称。大多数贫苦农民夏季穿短衫、大裆裤，冬季头戴毡帽，多系麻绳拧成的腰带。做衣服的衣料都是自家织的粗布和棉布。

女性的衣着是大襟褂子，扣子是传统的疙瘩扣（盘扣）。妇女很少穿裙子，内衣是肚兜，分别系在脖颈和背部；下身一般穿膝下绣花的长裤，妇女的鞋子以青色和大红色为主。小孩的特色衣着为虎头鞋、虎头帽、穿夹袄，还围着绣花围嘴。

过年时，没结婚的大姑娘一般穿大红绣花裙，中老年人则多穿深青色服装。刘大娘告诉我们，绣花以树叶、牡丹、荷花、菊花等图案为主，这些花样主要是绣在鞋垫、鞋面、衣袖口、衣领、裤腿和帽子上；绣花的方式主要是先用纸剪成图案贴在所要绣的位置，然后用彩线将图案绣出；在绣花方面没有什么技巧，绣得多了，自然就好看一些，但各家都有各自的风格。

村民在村口集市上买衣服（孙芳摄于2017年8月26日）

黄巢村村民崇尚俭朴，同时也限于经济条件，过去都是“新三年，旧三年，缝缝补补又三年”，把旧衣服充分利用。如今生活水平提高了，缝补旧衣服的人越来越少了，大家也逐渐有能力买时兴服装鞋帽来穿戴。

（二）食

俗话说：“民以食为天。”饮食不仅能满足人们的生理需求，而且也具有丰富的文化内涵，在一定程度上满足人们精神层面的需要。黄巢村有季节性的两餐习惯，一般在冬天早饭是10点左右，晚饭是4～5点，其他季节一般是三餐制。冬天的饮食主要是白菜豆腐汤，而鸡和鱼吃得较少。他们一般是去泰安的麻塔集购买白菜。麻塔归属泰安市岱庙区，村民们认为泰安的白菜比村里自己种的白菜要好吃。他们的早餐一般都吃面条、喝稀饭，中午炒点菜。

1. 支传香做的南瓜粥

2017 年 8 月 23 日，笔者在孙广汉老师家喝了一碗他的老伴支传香做的南瓜粥，好喝极了！8 月 25 日，笔者又一次来到孙老师家，听他的老伴详详细细地讲了一遍她家的南瓜粥的做法：

把豆子先泡上。开始洗南瓜，洗了南瓜后再一块块切开剁，切好了放大锅里。大锅里倒上水，把泡好的豆子洗洗，一并倒进去煮。淘好的米晚点放，要等南瓜煮得很烂时才能放，因为放早了会糊锅。南瓜熟了后，捞出来盛在一个盆子里，使勺子碾碎成泥，再倒回大锅里与米、豆一块儿煮。不愿喝南瓜块的，就喝碎了的南瓜粥。吃点南瓜不是孬事。……

这也是俺从集上买的南瓜种，种时不用化肥，用鸡粪。把鸡粪放在太阳底下晒，晒干后搓碎了，每棵南瓜苗使上点，种出来的南瓜又甜又面。不使化肥，就是好吃。

我问她："你娘家是这个村的吗？"这个问题引出了她的倾诉：

俺那命可苦了，俺是要饭要到这里来的。俺是黄河北的，是齐河的。那年俺 6 岁，俺妈肚子里怀着双胞胎，还领着一个哥哥、一个姐姐要饭要到这里。那时候没有粮食，都是吃菜窝窝。俺现在的妈是养母，那时候她前后怀了 10 个孩子，就活下来 3 个。别人告诉她，说是得好好养一个别人的孩子，把别人的孩子当成自个的孩子好好养，她自个的孩子才能留住。那时候人也有点迷信，俺养母就相信了，这不就遇上了我。俺亲妈就把俺留下，俺就在这个村长起来了。

我问她："那你和亲爹亲妈那边还有联系吗？"

有联系，还走动啊。男女都算，我是老三。下头除了双胞胎弟弟，还有一个弟弟、一个妹妹。前两年爹、妈都还在，回去过几趟。现在都不在了，没再回去。

虽然曾经生活坎坷，但支传香性格热情开朗，勤劳朴实。她有一儿一女，儿子是搞计算机的，女儿在省立医院工作，都已经在济南成家立业。她说她不愿意去济南住，觉得还是住在村里好。

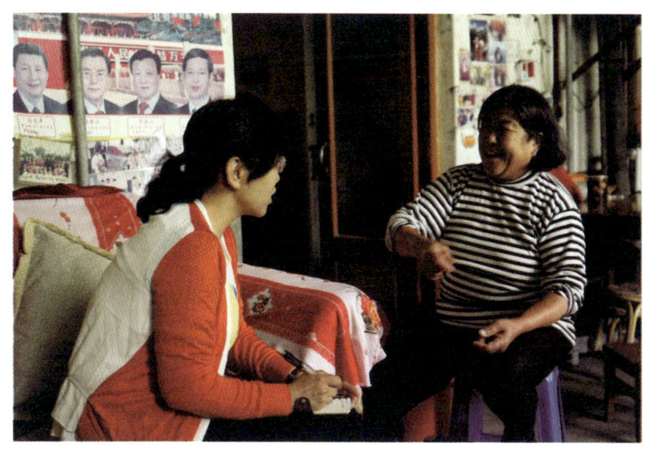

支传香在家里介绍南瓜粥的做法(史兆仁摄于 2017 年 8 月 29 日)

2. 王希孟家的原浆豆腐

由于黄巢村坐落在济南南部山区,平原面积稀少,土地贫瘠,再加上降水少的因素,黄豆成为当地的主要农作物,这为原浆豆腐的制作提供了丰富的原料来源。

王希孟家在黄巢村的西南方的一条小街道上,他从 20 世纪 80 年代开始做原浆豆腐。2006 年 12 月,一走进他的院中,一股清香的气息扑面而来,那是豆花的清香。

相传,豆腐的起源与西汉高祖刘邦之孙淮南王刘安有关。刘安的母亲喜好食用黄豆。一日,母亲卧病在床,淮南王便命人将黄豆磨成粉,加水熬成汤以便让母亲饮用,但又怕食之无味,就在里面加了点盐来调味,没想到黄豆汤汁居然凝结成块,而这也正是豆腐的雏形。由于刘安是位炼丹家,因此当豆腐雏形产生后,他便与方士们共同试验,经过多次研究之后,终于发现石膏或盐类可使豆乳凝固成豆腐,用以烹调十分可口,从此豆腐也就在民间开始流传。

另外,王希孟老人还给我们讲述了一则关于豆腐起源的故事:

有一家三口,住着一对夫妻与母亲,可惜婆婆待媳妇并不好,连普通的豆浆都不愿让她饮用。一天,婆婆要出远门两三日。婆婆前脚一走,媳妇后脚便开始磨豆子、煮豆浆。豆浆正要开锅,她满心喜悦地要舀装时,院子里竟传来了脚步声。媳妇害怕是婆婆回来了,见着会挨

骂，便赶忙端起整锅刚烧好的豆浆往灶边的坛子里倒，出门迎接婆婆。一看是丈夫回来了，于是又喜滋滋地拉着丈夫进屋喝豆浆，哪知打开坛盖一看，豆浆竟凝固成块状；原来坛子以前泡过酸菜，里面还有些酸汤底，因此豆浆倒进去便凝固了。小夫妻俩勉强一尝，发现这凝固的豆浆居然质嫩味美，于是为它取名“逗夫”，而豆腐也由此而来。后来，人们用了一段时间这个名称后，觉得“逗夫”这种食品反正是黄豆做的，嫩而易腐，且“夫”与“腐”谐音，干脆就改称“豆腐”了。

传到现在，豆腐分两种：一是原浆豆腐，就是村里平时一般吃的豆腐；一是膏豆腐，也就是卤水豆腐，主要用来做麻婆豆腐。

他家每天都制作一大块豆腐，具体过程是：把黄豆浸在水里，泡胀变软后，用石磨磨成豆浆，再滤去豆渣，然后把挤出的豆汁倒进锅里煮。这时候，黄豆里的蛋白质团粒被水簇拥着不停地运动，聚不到一块儿，形成了“胶体”溶液。要使胶体溶液变成豆腐，必须点卤（或酸浆）。点卤可以用盐卤或石膏，盐卤主要含氯化镁，石膏是硫酸钙，它们能使分散的蛋白质团粒很快地聚集到一块儿，成为白花花的豆腐脑。再挤出水分，豆腐脑就变成了豆腐。豆腐、豆腐脑就是凝聚的豆类蛋白质。卤水的学名为“盐卤”，用卤盐水熬盐后，剩下的黑色液体即为盐卤，是氯化镁、硫酸镁和氯化钠的混合物，这也是它能要人命的原因。吃豆腐没事是因为豆腐内的盐卤含量非常低。

王希孟老人使用的酸浆与盐卤有相同的功用，把达到一定温度的豆汁烧开后用发酵后的酸浆勾兑成豆脑，然后装入铺着笼布的竹筐内，用高粱秸制成的盖垫进行反复挤压，豆腐就这样成形了。质量好的豆腐呈雪白色或乳白色，有光泽，块形完整，软硬适中，质地细嫩，无豆粒，无石膏，切口干净，具有豆腐特有的香气和细腻鲜嫩感。俗话说：“青菜豆腐保平安。”现在人们追求健康，原浆豆腐就是很好的食物选择，不仅是味美的佳品，还具有养生保健的作用。

3.煎饼

“煎饼卷大葱”是山东人特有的饮食文化现象。在济南南部山区的很多乡村至今仍保持着“户户支鏊子，家家摊煎饼”的习俗。人们还口耳相传着一个美丽的传说。相传很久以前，在泰山背后的一个小山村里，住着巧珍和田壮一家，小两口男耕女织，生活过得比较舒心。劳作之余，田壮勤学苦读，

成了远近闻名的土秀才，十里八乡谁家有个红白喜事，都请田壮帮忙；谁家受了欺负，田壮也会主动帮助写诉状、打官司，因此得罪了当地恶霸王洪三，被关进山间大牢。狱卒们恶狠狠地告诉巧珍："你们家田壮整天咬文嚼字，专和我们家老爷过不去。老爷吩咐，这次只准送笔墨纸张，不准送饭，关他七七四十九天，看他还写不写！"看着自己的丈夫在牢房里忍饥挨饿，巧珍吃不香，睡不甜，恍惚中梦见泰山奶奶向她走来，说："巧珍，别犯难，我传授你个法子：你把小麦磨成糊子，在烧热的石板上摊成薄薄的饼，不就像纸了吗？再把大葱作笔，豆酱当墨，还愁你的夫君没饭吃？"一觉醒来，巧珍照此去做，果然灵验，连忙带着自己摊制的煎饼，卷上大葱和豆酱给田壮送去。看大牢的见是"笔墨纸张"就没多过问。田壮饥不择食，把它吃个精光，就这样，喝着山泉水，吃着煎饼，红光满面，平安出狱后，发愤苦读，背着巧珍摊制的煎饼考上了状元。善良的巧珍为报答泰山奶奶的恩德，热心地给四邻八舍传授摊煎饼的技艺。后来，一传十，十传百，摊煎饼在南部山区传开了。人们为了使用方便，把薄石头打磨得像圆形海龟一样，再磨制光滑，叫作"鏊子"；后改为生铁铸具，也就演化为今天的"鏊子"。巧珍因发明煎饼，被人们供奉为"煎饼老奶奶"，煎饼由此又称"状元饼"。柳埠一带群众最喜欢吃的主食是煎饼、馍馍、窝窝头。其中，煎饼是最具有地方特色的日常食品。传说唐末黄巢起义军在柳埠的黄巢村驻扎时，当地百姓就曾以煎饼相送。

柳埠煎饼以玉米为主原料，其制作过程是：先把玉米轧成颗粒较粗的糁子，用水浸泡一天，然后用石磨磨成糊子，把直径约60厘米的铁鏊子烧热，擦上食用油，舀上糊子，用竹片做的煎饼耙子摊匀、刮平、烙透，即可揭下。这种煎饼质地细薄而柔韧，一般1公斤玉米面能摊7个煎饼，薄的能摊到12个。煎饼吃起来香甜可口，而且便于储存，存放3个月都不会变质，可以一次摊几十斤甚至上百斤。叠好后放在缸里，上面盖好，吃时仍软韧香甜。由于煎饼有易加工、口感好、耐储存、便携带、吃时不须加热等优点，逐渐成为柳埠一带群众喜欢的主食。不过由于人们贫富家境不同，煎饼用料各异。富裕人家多吃"米对米"的煎饼（即生小米面6成，熟小米面2成，黄豆面2成），这是煎饼中的上品，吃在嘴里，回味无穷。玉米煎饼算是中品。用瓜干、高粱等做的就差一些了，不过柳埠人通常喜欢把几种粮食掺在一起，图吃个"五味俱全"。如果家境困难或遇荒年，则谷糠、地瓜秧、花生皮、玉米芯都可

成为煎饼原料。煎饼是美食，对菜的要求就大大降低了。柳埠人吃煎饼一般不需要炒菜，而是卷上生菜叶、大葱、甜酱、韭菜、蒜薹、芝麻盐等，还有的卷上用白菜帮、野菜、地瓜秧、萝卜缨等掺上豆面做的菜豆腐，吃起来相当可口。所以有人编了这样一句顺口溜："吃煎饼，一张张，孬好粮食都出香。省功夫，省柴粮，过家之道第一桩。又卷菜豆腐又抿酱，个个吃得白又胖。"煎饼在柳埠人生活中如此重要，摊煎饼就成了备受重视的手艺。一般女孩十二三岁就学着摊煎饼。姑娘们之间还经常交流品评。女孩没有一手好煎饼活，就难找到好婆家。新媳妇过门后，婆婆安排的第一件活就是摊煎饼，实际上是考手艺。当看到媳妇手脚麻利，摊的煎饼既快又薄，全家都为找了个能过日子的媳妇高兴，媳妇在家里的地位就比较高。①

4. 石碾

过去，用于加工粮食等的石碾是农村生活必不可少的生活用具。不过，那时并不是家家户户都有石碾。如果人们说谁家"碾磨俱全"，实际上就是一句朴实的赞语，暗示这户人家生活水平高，能置办得起石碾、石磨等重要的日常生活用具。对于多数人家来说，几十年甚至几辈子都安不起一副石碾。黄巢村这样一个1000多人的大村，也仅有6副石碾，其中有3副据说都是清朝和20世纪前半期先后安设的，而这些安有石碾的人家在过去都是家境殷实的大户人家。正因为安石碾是一件颇不容易的事情，所以人们就把它看成是仅次于婚丧大事的另一件人生大事。

在一般情况下，石磨几乎什么都能研磨，可石碾只能用于碾压谷子、高粱、玉米、地瓜干、压糕面和压黄馍馍面等，更多的是压黄豆、黑豆。平时，石碾的使用率没有石磨高，可一到腊月，特别是过了腊月二十三以后，这石碾就再也不会有闲着的时候了，不是这家压糕面，就是那家压黄馍馍面，这碾子就整天"吱扭吱扭"响个不停。老远望去，那碾轱辘上满是白生生的面粉，非常抢眼。这段时间也是人们最为兴奋和高兴的时候，所有的大人、小孩都会抢着干活儿。有的推碾，有的罗面，如果插不上手，就轮流顶替，就连那些不懂事的孩子也大呼小叫，一刻都安生不下来。总之，所有人的脸上都泛着笑容，所有的人都忙个不停，那欢声笑语和忙碌的身影把年节前的气氛简直

① 参见孙广汉：《柳埠煎饼》，2014年3月15日，http://www.cuncunle.com/village-106-420915-article-1011427750044647-1.html，2017年9月9日访问。

黄巢村西庙旧址的磨坊内景(曲洪祎摄于 2006 年 12 月 24 日)

渲染到了极致。到了腊月二十八九,所有的年节食物都碾压停当后,人们还不忘再压一些黄豆、黑豆,为的是讨个吉庆,有个余头,预示来年会来钱更多、日子更加富裕。

在黄巢村,人们一直把石碾视为不可亵渎的“东方青龙”。如果有不懂事的顽童骑上碾轱辘,大人就会大声训斥道:“谁叫你上去的? 赶快下来,当心龙抓你!”到了年三十,便将“碾圈圈”收起,将碾架子松开,并将碾架子上用于穿插推碾棍的孔洞用红纸封起来,意思是让青龙暂时歇息下来。同时,还要在碾围桩上贴上写有“青龙大吉”字样的春联。除夕夜,有的人还要给石碾焚香烧纸、叩头作揖,祈求平安吉利。到了农历二月二“龙抬头”,人们还会将黄纸和红布压在碾架子上,用纸钉猛击一下,被纸钉击后的黄纸和红布就会留下纸钉的印痕,被人们称之为“龙眼纸”和“龙眼肚兜儿”。老辈人说,用龙眼纸擦身可以医治疾病,小儿穿龙眼肚兜儿可以避邪祛疫,健康成长。中华人民共和国建立以后,这几盘石磨就被村民们从财主家抬出来,安置在村里的主要街口,以方便所有村民使用。

随着人们生活水平的不断提高和磨面机、碾米机的广泛使用,石碾、石磨这些古老的农具逐渐远离了人们的日常生活。村里的几架石磨都已基本被闲置起来,而那几副石碾也是偶尔被用来碾压一点小米面,或过年时碾压

一点糕面，其余时间也像那石磨一样，静静地安卧在那里，任凭着风吹雨打，已真正“无事大吉”了。[①]

黄巢村的一副还在使用的石碾
（曲洪祎摄于2006年12月24日）

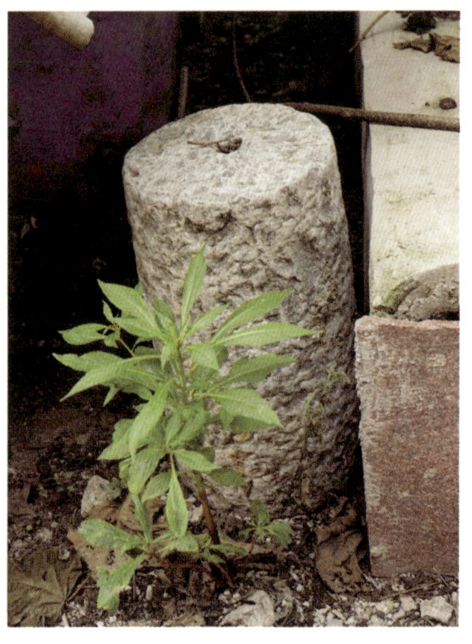

黄巢村闲置在路边的石碾轱辘
（史兆仁摄于2017年8月23日）

（三）住

获取居住空间，是人类解决生存条件和安全条件的必然结果。由于人们生活在不同区域，人文和自然条件不同，所以逐渐产生和演变出形态多样的居住空间形式和丰富多彩的居住民俗。居住民俗是指一个国家、民族和地区的广大民众在居住活动中所创造、享用和传承的属于本群体的独特习俗惯制，包括住屋的设施和布局、住屋的造型和工艺、住屋的分布与坐落、有关住屋的信仰等民俗。黄巢村群山环绕，村民的住房大多依山而建，以砖瓦房为主，有的还盖起了两层小楼。以前盖房子主要以泥坯砌墙、黄草铺顶，现在多以砖、水泥、沙、瓦为材料。主河道上有几座小石桥，桥下有潺潺流水，是个有山有水的宜居之地。

---

① 参见孙广汉：《石碾》，2016年10月11日，http://www.yigecun.com/cityfild/showad.aspx?id=D4BF87C566B2203E，2017年9月9日访问。

1. 院落布局及室内布局

黄巢村农家小院一般为单幢独院式，有正房四五间，有的人家能盖到10间。前面是院墙围成的院子。院子一般较小，有的甚至没有，既有泥坯砌成的，也有用砖墙砌起来的。单院子的大门比较气派，很多是红漆大铁门，门上一般贴"福"之类装饰字、画。村里的道路多是水泥路，不算很宽，也不算很直。房前院后，村民会养花种菜，既美化了环境，又方便了生活。

我们在村里采访了70多岁的陈玉生老人和老伴。他们身体都很健康，共有一女三男四个孩子，只有一个孩子在本村居住，其他的三个孩子都在济南市区定居。两位老人都很健谈。他说他家的房子建于1983年，80多平方米，房子看起来比较新。一进老人家，首先看到一个小酒铺，占地10多平方米，四个硕大的酒缸很显眼。老人很自豪地告诉我们，他们卖酒有10几年了，酒都是从正规酒厂进的。

黄巢村一户民居的木架构房梁
（曲洪祎摄于2006年12月24日）

2. 建房、搬新房的风俗

建房在农村是大事。在黄巢村，户主一般把建房的事情交给由本村村民组成的"建筑队"。户主不仅要付工钱，还要管一天的三餐饭。早饭没什么讲究，午饭要凑10个盘子，晚上要6盘，饭菜由户主自家操办，讲究饭菜种类和质量。

新房盖好后，搬新屋也有讲究。首先要选个好日子，当天往自家锅里放一块豆腐，先把锅搬到新屋，然后再搬其他的家具，并且要做秋糕，挨家挨户送。

（四）行

交通民俗是指在交通设施和交通工具的创造及使用过程中产生的与交通有关的民间习俗与惯制。20年以前，黄巢村的交通工具主要以牛车、马车

为主，骡子、牛是主要动力，现在自行车、摩托车、三轮车、独轮车成了主要交通工具。“村村通”公路是1982年建好通车的，村里的主干道都是水泥路面。人们去济南主要坐公交车，每人每次3元。据村民反映，他们出行一般以短程为主，不存在住宿问题。

在2013年中秋佳节之前，黄巢村总花费33万多元，完成了1600米的石板街硬化工程。村里没有资金修路，采取自筹自建的办法：石板由村书记刘明海自己出资，沙子、水泥部分由沿街户出资，用工由党员带头，小组长组织村民义务工。经过全村村民大半年的努力，完成了1600米的石板街硬化工程。

推独轮车的村民赶完集回家(孙芳摄于2017年8月26日)

(五)枝条编织技艺

枝条编织技艺，顾名思义，就是用各种野生的树条通过巧妙的加工编织成日常生活用。今年76岁的陈学岩老人就是一位一生靠编织维持生计的艺人。

陈学岩，男，出生于1934年2月4日。这位只上过几天私塾的老人从18岁开始学习编织，至今已有50多个年头了。50多年来，经过他的手编织的农用家具，大到农家盛粮食用的仓囤，小到农家妇女手挎的篮子等，都给村民们留下了很深的印象。1952年，一个偶然的机会，年轻时的陈学岩看到黄巢村的孙长德老人(现已故)用很普通的树枝条编织出人们日常生活中使用的篮子、驮筐、车篓、做豆腐用的筐子等，感到非常惊奇，于是萌发了学习用树枝条编织农用家具的念头。孙长德老人对他说："不管学什么手艺，只要用心学，能做到眼看、心记、苦练，再难的手艺也能学到手。"他仔细地看，用心地学，从每一根枝条的削、扭、弯，到加工使用时的长度，他都一一地记在心里，回到家里再认真地练习编织。年轻好胜的他，有一个地方编织得不像样，就急得饭也吃不香，觉也睡不着，第二天一大早赶忙向师傅请教。经过两年多的刻苦学习，他终于掌握了用普通树条编织各种农用家具的技艺。

老人告诉笔者，搞编织用的工具很简单，包括短镰把、宽刀刃的镰（俗称"镰拐子"）、小型的锯、剪子、手锛子、用丝麻搓成的细绳等。他说：

> 在我们山区，编织用的原料遍地都是。只要个人能出力气，根据需要亲自到山坡上去选，选出的原料才得心应手。

编织用的树枝条比较普遍，如柳树条、野生榆树条、白蜡树条、桑树条、野生麻条、紫穗槐条等10多种树条都是搞编织的好原料。在这10多种树条中，白蜡树条、野生榆树条是质量最好的枝条，将这两种树条用水浸泡几天或一星期以后，剥去皮，就露出白色的枝条，用它编织成农家用的簸箕、垅子、箔篮等，细腻光滑，外观漂亮。比如，农家用的篮子，用料比较普遍，什么样的树条都可以编织，主要看手上的功夫；只有边编织边用镰拐子砸实，这样编织出来的篮子才结实耐用，使用年限长。

黄巢集市上卖的30元一个的手编篮子
（孙芳摄于2017年8月26日）

编篮子先是传盘底、三把经（每把6根树条，共三把）、草鞋底、帮经（即五把树条，每把六根）、圈条（共四根树条，每边两根）、四边条（四根树条，每边两

根)、拢经(用线绳将枝条拢住),再编倒根子,将四边拢起,按上篮子提,分经用小树条,使其两头翘。第一层就编好了,再编第二层。这时用的树条要求粗细均匀,再起两头翘;砍去帮经,再编织边缘。然后进行整理,砍去多余或露在外面的枝条头,一个美观耐用的篮子经过一上午时间的编织完工了。

编织比较大的用户家具用的树条很多,时间也很长。比如,农户用的盛粮食用的"囤",高约 1.5 米,宽约 80 厘米,可装 800～1000 斤粮食。编织这样大的家具,各种树条都可以用。

50 多年来,陈学岩老人编织了不计其数的仓囤、篮子、驮筐、簸箕、垵子、箔篮、车篓,还有做豆腐用的筐等,既增加了家庭的经济收入,给村民们提供了方便,又向人们展示了自己的编织手艺。2008 年春天,76 岁的老人还将自己亲手编织的篮子、筐子等,拿到黄巢村大集市上出售。一些年轻人看到后都感到很惊讶。老人对笔者说:"现在,随着时代的发展,一些塑料和铁制家具代替了树条织的家具,但我觉得还是枝条编织的家具好,既经济又环保,还结实耐用。"①

二、婚丧礼仪

每个人在一生中都会经历几个阶段,而其社会属性就是通过这些重要阶段不断确立起来的。在各阶段,总有一些特定的礼仪作为标志,以便获得社会的承认和评价,这便构成了一个人的人生礼仪。因此,婚礼和丧礼自然是黄巢村家家户户的大事。

(一)婚礼

婚姻是人类社会的一种普遍现象,男婚女嫁乃人生大典。我国早在周代就形成了成套的婚俗礼仪,称"六礼"。根据《仪礼·士昏礼》的记载,当时的婚礼需经六道程序,即纳采、问名、纳吉、纳征、请期、亲迎。尽管以后各个朝代的婚礼都有所变异,各个地区也有差别,但"六礼"的基本内容,却始终存在于历代的婚礼习俗之中。正是"六礼"的这些基本内容,构成了独

---

① 孙广汉:《历城枝条编织技艺》,2014 年 6 月 7 日,http://www.yigecun.com/cityfild/showad.aspx?id=6398605722A98E26,2017 年 9 月 7 日访问。

具特色的中国传统婚礼。就这个意义上说，"六礼"奠定了中国传统婚礼的基础。

黄巢村很多家庭依然沿用这种传统的婚嫁方式，具体过程有：

1. 提亲

提亲是由媒人持帖送至女方，如女方答应，男方便备礼去女家求婚，即传统六礼中的"纳采"。在传统婚姻中，从提亲到定亲是一个繁琐的议婚过程，而现代村里，由于男女社交公开，婚姻恋爱自由，基本摆脱了父母之命、媒妁之言的束缚。议婚中那些繁琐过程已逐步消失，一般是经介绍人介绍，先交朋友、后恋爱结婚的现象相当普遍。但仍有"对八字"的习俗，即俗话所说的"讨八字"，提亲后占卜男女双方生辰八字，相阴阳，实行合婚，以察看二人是否适合在一起。

2. 订婚

订婚，俗称"定亲"。定亲也有繁杂的礼仪。其程序是：先由男女双方交换喜帖，然后正式确立婚约。传柬帖同时要送压柬礼，俗称"下小定"。订婚吉日由男方择定，并要宴请婚配姑娘及其父母、兄弟姊妹、舅父舅妈等。宴请地点旧时均设于家中，现在也有很多人选择在饭店，同时拍摄订婚照。因为这次宴请的都是男女双方的亲友，所以男方很重视，会在定亲之前选择一个良辰吉日作为宴请的日子，为的是两家的婚约有一个良好的开端。为了有一个好兆头，男方送给女方 10001 元钱的礼金，寓意"万里挑一"。但具体金额也会依各人家庭情况而定，家庭条件好的礼金会多一些，家庭条件差的则会少一些。此外，男方还要为女方买衣物鞋帽、金银首饰等物。定亲以后，未婚夫每逢过年过节都要带礼品拜望岳父母，特别是在端午、中秋和春节这三个节日都要赠以重礼。在陪嫁方面，女方陪嫁的一般是被褥（讲究"六铺六盖"或者"八铺八盖"）及彩电、冰箱等家用电器。

3. 送日子

送日子，在六礼中谓"请期"，即择订婚日。在准备结婚时，由媒人作中介，商议如何办酒席，定夺男方给女方的口脚钱（辛苦费）、行妆钱等。陈玉生还做过司仪，可以帮着定行嫁日，如"二虎八月猴，马十二月鼠"这些都是按阴阳八卦来推算的。

4. 迎亲

结婚之前,男方家庭会布置喜堂和洞房,以备结婚之用。迎亲之前,为了使婚后早生男孩,有铺床、暖床习俗,一般要请多子女的夫妻,到男家去铺床。铺床时两人不能开口,动作不能有先后,称作“同时暗发”。铺床时,先摊席,后铺褥被,并要在被里放红枣、花生、栗子,意为“早生贵子”。

结婚之日,由男方家庭装扮新郎,接待道喜亲友,迎亲队伍会选择吉时去接新娘、新娘的家人和新娘的送亲队伍,希望婚后可以和和美美、幸幸福福地生活。陈玉生说,过去在行婚之日,女方出门时要跨过鞍子和酒瓶(代表平安之意)。

婚车队(史兆仁摄于 2017 年 8 月 29 日)

5. 拜堂

结婚时由司仪主持婚礼,现在大部分是请婚庆公司的专业司仪,也有一部分人会让村里德高望重的人来主持。新人入门后,拜过花堂,标志着男女双方开始了新的人生阶段,肩上多了一份对彼此、双方家庭以及社会的责任。

《历城县乡土调查录》中有这样的记载:

> 婚嫁,由媒介人对于男女两家互通姓氏、职业,双方调查确实,然后纳采,择日结婚。但城区读书旧家,论婚之始对于门第、族姓、职业、资财调查尤为翔实。嫁娶年龄,男女在十五六岁至二十七八岁之间,乡区甚至有十三岁结婚者。乡区冠婚手续较为简单,故费用亦少,亦以农民

之贫富而为转移，大约双方均在一百数十元至三百元之间。城区则较乡区奢侈，悬殊太甚，资财虽少之户费用须二三百元左右，至于富户则数百元、数千元不等。①

新人与伴娘（史兆仁摄于 2017 年 8 月 29 日）

2017 年 8 月 29 日，刘明亮和石瑞雪的婚礼专门请来了柳埠的一家婚庆公司来操办婚礼仪式。新人上午 10 点多到达刘明亮家，之后新娘换下红色礼服，穿上白色婚纱。新郎的家人煮了一锅“结缘”饺子和一锅“蝴蝶面”（馄饨），给新娘和家人“点心点心”（即点饥），因为他们都没吃早饭，在中午的媳妇宴开始前要先垫一垫。

闹新郎（史兆仁摄于 2017 年 8 月 29 日）

接亲队伍中，前面是敞篷宝马婚车，后面跟着由七八辆红色轿车组成的车队，随行人员有婚礼摄像摄影师、新娘跟妆师和两对伴郎伴娘。举行婚礼前，要准备好

① 孙宝生编，济南市历城区政协文史资料委员会点校：《历城县乡土调查录》，第 33 页。

鞭炮、礼花、气拱门、婚纱照、花门、铺着绿色“地毯”的“T型台”、写有新郎新娘名字的喷绘幕布、音响、香槟塔、蜡烛塔、爱情沙瓶、证婚人致辞、钻戒、交杯酒和红包。仪式流程和城市的婚礼相差不大。礼拜后，新郎父亲致辞，新娘把捧花送给其中一位伴娘，接花的伴娘向新人送祝福。新婚大典大礼吉成，新娘家人、新郎家人、朋友分别与新人合影。

新郎家人(史兆仁摄于2017年8月29日)

新娘家人和新郎亲戚朋友(史兆仁摄于2017年8月29日)

新人许愿(史兆仁摄于 2017 年 8 月 29 日)

新人和双方父母合影(史兆仁摄于 2017 年 8 月 29 日)

6. 喜筵

结婚时大摆喜筵，称“喝喜酒”。不管在家还是在酒楼设宴，筵席一般要摆十几桌以至几十桌，桌上摆满了盘盘碗碗，新郎、新娘在伴郎、伴娘的陪同下，逐桌敬酒。黄巢村在婚礼上招待宾客的酒席——“媳妇宴”远近闻名，每桌要上 30 多道菜，能在桌上摞好几层，体现了黄巢村人的热情好客的好传统。

过去，人们生活水平低，连吃饱饭都困难。遇到孩子结婚、老人生日等重大场合，宴请客人就成了难题。想把饭菜准备得好一点，没条件；准备的

差了又害怕让人瞧不起，怎么办呢？黄巢村人在生活中总结经验，逐渐摸索出“媳妇宴”的做法，既节省又好吃。很多人来学习他们的做法，深受大家的欢迎，所以很快就传出了名，得了个“媳妇宴”的美名。

新郎的父亲及男性同辈向客人敬酒(史兆仁摄于2017年8月29日)

客人来到主家后，按照主家的安排在圆桌边分桌就座，每桌坐10人(过去是方桌，每桌坐8人)。新娘家人为上宾，陪酒的为男方的娘舅。过去坐方桌时，主座的左侧为上座，按照辈分排座，同辈的按年龄顺序坐。

客人到齐，摆好碗筷，开始轮番上菜。

“媳妇宴”的一般流程是：

四个压桌菜：都是时令蔬菜。客人们一看上压桌菜了，就知道酒宴马上就要开始了。

四干、四鲜：四干是黑瓜子、白瓜子、糖果、葵花子等干果。四鲜是西瓜、橘子、苹果、香蕉等水果(不能上梨，梨谐音“离”，有“分离”之意)。紧接着会上点心、蝴蝶面等，让客人“点心点心”，压压饿。

四酱：酱肥肉、酱瘦肉、酱豆腐、酱花生。

四凉：韭花豆腐、粉丝菠菜、拌木耳、拌猪肺等清口凉菜。

四汤：苜蓿汤、里脊汤、辣肚汤、苦肠酸辣汤，口味分为甜、酸、酸辣、辣四种。

四大件：肘子肉、丸子、糖醋鱼、本地鸡。上鸡的时候预示着主人开始来敬酒了。

四个拌菜:一般有两素两荤,如拌猪头肉、拌腐竹等时鲜菜。厨师常常会用花刀切菜以增加美感,同时显示自己的刀功。

四个炒菜:炸鱼、蒜薹、青椒等青菜炒肉,一般土豆片和本地芹菜这两个炒菜必不可少。炒芹菜常常作为最后一个炒菜上桌,当地人叫这道菜"催命鬼",因为这道菜上桌后马上就要吃饭。

四个大碗:有丸子汤、咸鱼汤、银耳汤和"媳妇汤"。上了"媳妇汤",就意味着所有的菜齐了,没有吃好、喝好的要抓紧。"媳妇宴"的亮点之一是"媳妇汤",其实就是杂烩汤,厨房里能觅到的菜都要多少放一点,还要放菠菜、粉丝等许多配料,这样看起来比较稠,讲究"能捞点啥",所以叫"汤"还不如叫"菜"合适。过去,这道汤是新媳妇进门后第二天早上给公公、婆婆做的第一顿饭,既不浪费厨房头天"媳妇宴"的"下脚料",同时也是孝敬公婆的第一个实际行动,集中体现了黄巢村人勤俭持家、孝敬老人的好传统。

"媳妇宴"的主食一般是吃馒头。

新郎和新娘向客人敬酒(史兆仁摄于 2017 年 8 月 29 日)

当"四大件"中的鸡块端上桌时,主人就开始敬酒了。敬酒的酒杯,以前是三两的小酒盅,现在改用大杯。敬酒时分三轮进行,新郎的父亲、伯父、叔叔等男性长辈是第一轮,新郎和换上红色礼服的新娘是第二轮,新郎的母亲、大娘、婶子是第三轮。敬酒的顺序是根据辈分来的,由长及幼,最后是新郎、新娘的同辈,每次敬酒至少四杯。这样轮番敬酒的礼数,就是想让每一位客人喝好、吃好,感到满意,展现了黄巢村人的热情好客。

"媳妇宴"的大体流程是相对固定的，但具体菜品、食材讲究应季，会根据时代的发展和季节变化灵活调整。比如，现在人们不愿再吃那么多肉，酱肥肉就换成了红烧排骨，片肉汤换成了银耳汤，糖醋鱼换成了清蒸葱油中华鲟。相当于果盘的"四鲜"放到最后上桌。

这些盘盘碗碗加起来，能在桌上摞好几层！别看都是家常做法，却也酸酸辣辣、清清爽爽，别有滋味，尤其是各种汤，喝得你即使额头冒汗也舍不得放下碗来。

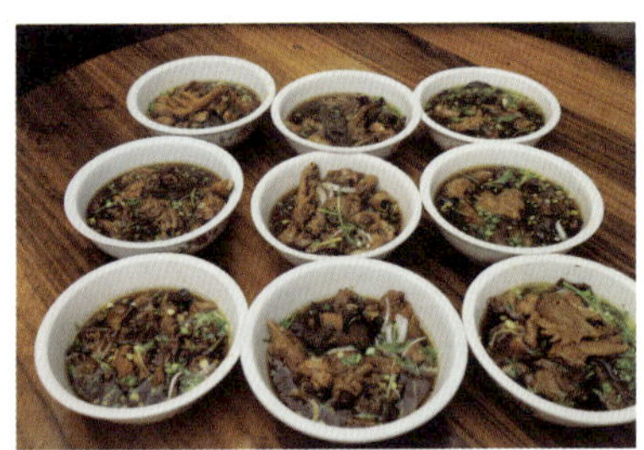

四大件中的"炖鸡块"
（史兆仁摄于 2017 年 8 月 29 日）

"媳妇宴"中的"媳妇汤"
（史兆仁摄于 2017 年 8 月 29 日）

黄巢村有很多人会做"媳妇宴"。本村的孙光明早年曾随师学艺几载，出师后口碑极佳，厨艺极好，但这项技艺不足以维持生活，他还要有其他谋生之道。2017 年刘明亮婚礼上的"媳妇宴"厨师是临近的菜峪村人张利，30 多岁，做菜也颇有口碑。主家定好标准后，他来负责采买各种食材，提前做些准备。比如把肉、鸡等提前做成半成品以节约时间，主家安排好几个人给他打下手，负责洗菜、切菜、盛菜、用托盘上菜。主家还租用了他的餐具、圆桌、凳子。他平时是出租车司机，系上围裙炒菜也相当利索，很有经验，效率极高，忙而不乱。主家头天晚上摆

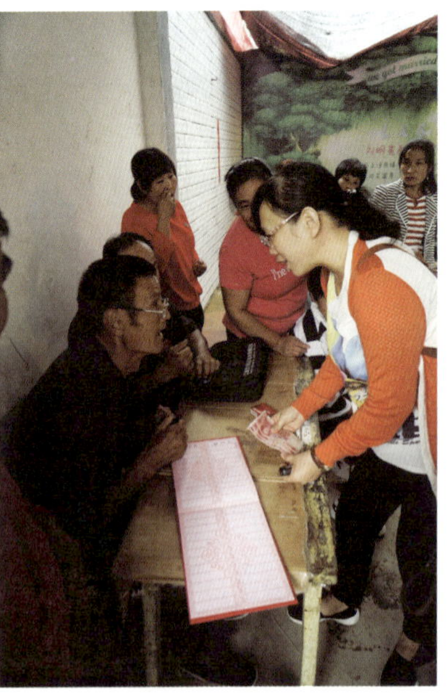

随份子（史兆仁摄于 2017 年 8 月 29 日）

了11桌,宴请街坊邻居和帮忙的;结婚当天中午摆了12桌,宴请新娘家人和新郎亲戚。

在婚宴之前有专门负责写对子的先生,还有几个人负责收红包、在随礼单上记录随份子的人的姓名和钱数以及安排客人座位。婚礼后,收红包的人和记录者还要一起对账,收取的份子钱的实际数目要和随礼单上的记录完全一致才算圆满完成任务。说起随份子,村民们说,这就是互相帮助,你有事了,我帮你,等我有事了你再帮我,就是一种互助的人情往来。新郎的姑姑刘克菊告诉我,在黄巢村,婚礼随份子的钱数也很有讲究,100元、200元、300元、500元、600元、800元、900元、1000元都可以,一般不能随400元、700元,因为4谐音是“死”,7谐音是“弃”。但泰安那边就不这样,400元、700元都行,她结婚时几个舅舅都是给400元。

7. 回门

婚后新媳妇有回娘家的习俗,叫作“回门”。如果娘家比较近,一般是3天后回门;如果娘家距离远,回门的日子则不确定。新郎入岳父家门要在堂前拜见岳父母及长辈,并和亲友行见面礼,午餐新郎坐头席。旧时回门必须当天即返回男方家,不在岳父家过宿,因为有新婚一个月内不空房之俗。

有些新婚夫妇婚后会保存着整个婚姻过程中用到的一些东西,像男女过礼的礼盒、陪嫁礼单、合婚的庚帖、结婚证书、宾客随礼礼单、盖头之类的。

随着改革开放的深入和社会主义市场经济的发展,黄巢村的通婚圈较以往有了很大改变,嫁娶的距离越来越远。女孩一般都嫁到城区,男孩娶的媳妇也大部分是外地的。新婚期间,新人一般不会挨家挨户拜访,只是在年初一的时候,由男方同家族的人陪同新人去各家串门,以增进相互之间的了解。

村民们说,村子里离婚的现象很少,几乎没有,看得出他们不太愿意谈论这方面的事情。再婚的现象有,一般都是配偶由于疾病或其他原因去世而再婚的。再婚的程序一般没有新人结婚那么盛大,经人介绍或者自己认识后,双方感觉合适,这项婚姻便会定下来。

(二)葬礼

丧葬历来受到人们重视。在《历城县乡土调查录》中这样记载:

经丧之家，即时成殓，衣服美好，然后择期殡葬。乡区近则五日、七日，远则半月、一月不等，费用尚属俭约，而富户尤竞棺木，用椁者甚少。初亡人时，由家属焚烧纸箔若干于门外，名曰“指路”，并延僧道诵经，名曰“转咒引魂”。以后每七日为一期，必诵经一次，至七次为止(但四期不诵经)，并用彩纸制舆马旗旛，以及种种楼阁并应用物品之属，时时焚烧，耗费甚巨。期功之丧，必先请风[水]先生择地，妥协后始定期殡葬。一功，丧服均遵古制，丧需费用为数甚巨。每岁致祭三次于墓，为清明节、阴历七月十五日及十月一日。家中致祭为年终岁首及先人亡日。所有供献均为食品，焚烧纸箔为数甚多。①

黄巢村的丧葬习俗基本上仍保持了传统丧葬习俗。虽然现在村里有人去世时都采用火葬的形式，但“入土为安”的思想仍然根深蒂固，火化后的骨灰大多仍入土安葬。与此同时，丧事简办也日益成为社会新风，火化前追悼、向遗体告别等已被部分人家所接受。

人在临终之际，子女侍奉在侧，夜不就寝，叫作“陪夜”。倘有子女在外，要赶紧召回，以见最后一面。子女亲见死者断气，称为“送终”。无论冬夏，死者不能穿夏衣，都要穿冬装，因为地府寒冷。灵床前设供桌，陈供品，点燃香烛。桌上还要竖一亡人牌，俗称“牌位”“灵牌”，现大多用死者照片代替。

1. 报丧

人死后当天或第二天，要告知亲友，请他们在死者入殓前瞻仰遗容，此为“报丧”。如正好是新年之际亡故的，则须到年初二才能报丧。

入殓前，长辈不服孝，小辈要遵服制。孝子以白布作帽，帽后披两条麻条，此即“披麻戴孝”。灵堂设在自己家的院内，尸体一般在死者生前住过的房间停尸一天。如果是老人去世，则由儿孙守灵；中年人去世，则由配偶或儿女守灵；年轻人去世，则由父母或兄弟姐妹守灵。由家人帮死者穿戴寿衣。

2. 入殓

旧时因流行土葬，均用棺材。死者入棺称“入殓”。入殓有大、小殓之分。小殓不合棺缝，不上“锭胜”，以待至亲赶来诀别；大殓即封棺。入殓之

① 孙宝生编，济南市历城区政协文史资料委员会点校：《历城县乡土调查录》，第33页。

日，须将棺木移于堂中，门前扎起素彩牌楼，内列鼓手、迎宾。有的人家还专门雇请掌礼，主持吊孝仪式。现在都是送到火葬场入殓，净尸整容的过程由火葬场的专门人员负责，尸体火化后直接将骨灰放入骨灰盒。花圈和祭品等在火葬场指定的地点烧化。

3. 出殡

灵柩从家中撤走，叫“出殡”，俗称“出丧”。灵柩所过之处，一路抛撒纸钱，叫作“买路钱”。出殡途中，灵柩不得停下，否则不吉利。棺材埋葬后，家设灵堂供奉。

丧事过后，第一次过清明或农历十月初一，亲属要上坟扫墓，叫“上新坟”。此后，每逢年节及死者祭日，都要进行家祭；清明则去墓地上坟筑坟，中午在家供奉祭祀。

黄巢村规定必须将骨灰盒葬入政府专门规划的墓地，不允许乱葬。在骨灰盒入葬之前，死者的直系亲属都穿戴专门的孝服，佩戴的孝布要在死者死后 7 天才可以摘掉。整个火葬和下葬的仪式结束后，死者的家人招待亲友吃饭，因为黄巢村的丧葬仪式已经趋于程式化，棺木、路葬、挂“寿门纸”、出殡司仪、入殓仪式等一些传统风俗已经没有了。死者去世后还有“过七”的风俗，即从死者卒日算起，丧家每隔 7 天就要举行一次烧纸祭奠，共 7 次，分别为“头七”“二七”“三七”“四七”“五七”“六七”“末七”。黄巢村的风俗是过一、三、五、七这“四七”，“过七”的时候要去墓地拜祭死者。

第三章
信仰空间

民间信仰是在长期的历史发展过程中，在民众中自发产生的一套神灵崇拜观念、行为习惯和相应的仪式制度。它是人类在特定的历史阶段中，为了满足生存与发展的需要，特别是心理安全的需要而创造和传承的一种文化现象，在历史上曾经产生过某些有益的作用。民间信仰具有满足社会各阶层人士不同精神需求的功能。在黄巢村，这种信仰空间有公开的公共空间和私密的家宅户内之分。

一、公共空间的庙

(一)将军庙

黄巢村村民们说，当年黄巢带领千余人马沿泰山北麓进入柳埠，想借助这里的高山密林抵御唐兵，以养精蓄锐、东山再起，于是在车子峪修造战车，加强部队的作战能力；后遭唐兵追袭，在该村北面交战岭全军覆灭。周围有相传为黄巢屯兵作战的上营、下营、血胡同、交战峰、跑马场、饮马湾、拴马橛等遗迹。后人为纪念黄巢把村名改为“黄巢村”(原名“大黄草峪”)。在黄巢水库大坝西北的死人沟有一座小型的庙，叫“将军庙”。庙内的牌位上写着

"将军爷之神位"。千余年来，将军庙历经多次修复扩建，现已形成一定规模，是当地人民倾诉苦恼、寄托希望的重要场所。将军庙纪念的将军除了黄巢将军，还有一位为民除害的英雄——孙斌周。

相传1100多年以前，在黄巢水库(三龙潭)附近有一头似龙非龙的怪兽，经常在这一带残害百姓。每年农历的正月十六这一天，它要吃掉10个男童、10个女童，否则就兴风作浪，刮黑风、下恶雨。被怪兽吃掉的男女儿童不计其数，人们盼望能有一位英雄为民除害。

黄巢村一户姓孙的家庭，老两口50多岁一直没有孩子，有一年快到麦收的时候，老妇人却生下了一名男婴。老来得子，这是全家人最高兴的事，街坊四邻也都拿着鸡蛋前来探望。令人奇怪的是，这名小孩刚出生不久就长全了牙齿，头上还梳着两条小辫儿。有人好奇地问："这孩子刚出生，嘴里就有牙?"小孩回答道："我的嘴里长满牙，你的麦子我来拔!"又有人惊奇地问："你是男孩，为什么头上扎两条小辫儿?"小孩又回答道："我的头上俩小辫儿，这里的人我能救一半!"话音刚落，小男孩就闭上眼睛睡着了。从此，小男孩一直处于昏睡之中，他的母亲喂他吃喝，他也开口吃喝，就是不说话也不睁眼，但他的身体却在不断地增长。小男孩就这样一直昏睡了16年，长成了身强力壮的小伙子。到了他的生日这天，他的父母实在没有耐心再等下去了，就请来了一位当地很有名气的老中医给他诊治昏睡病。老中医刚摸到他的脉搏，小伙子忽然从床上坐了起来，伸了个懒腰，打了个哈欠，然后对他母亲说："这16年可把我给累坏了!"母亲笑着说："我的儿呀，你整整在这床上睡了16年觉，怎么还把你累坏了?"小伙子回答说："娘，这16年来我一直跟南极仙翁学功夫，从现在开始，我要为民除害，杀掉那头害人虫!"父母听了虽然半信半疑，但心里还是很高兴。父母便央求这位老中医给孩子起个名字，老中医认为这孩子将来一定是将相良材，思量了片刻之后，就给孩子取名"孙斌周"，"孙"字代表父姓，"周"字代表母姓。中间的"斌"字由"文""武"二字组合而成，希望他文武双全。

转眼间又到了正月十六这一天，怪兽又要吃人了，附近的村民都带着自己的孩子躲藏了起来。只见孙斌周手持红缨枪，威风凛凛地站在水库东面的官山上。不一会儿，黑风乍作，怪兽出现在孙斌周面前。只见这头怪兽身长约8丈，尾巴不停地拍打着水面，张着血盆似的大口，一双铜铃大的眼睛不

停地眨着。面对这庞然怪兽，孙斌周毫无惧色，手持红缨枪与怪兽展开了决斗，大战了几十个回合，不分胜负。孙斌周暗想，要想制服这一怪兽绝非易事。他看着怪兽张着大口、喘着粗气，心生一条妙计：要是钻进他的肚子里，用长枪刺破他的五脏六腑，就可以将它置于死地。想到这里，孙斌周举起长枪，一个健步如飞，冲进了怪兽的肚子里，接着用红缨长枪在怪兽的腹腔内横挑竖插。怪兽疼得满山乱滚，尾巴乱抽(据说现在此处的这些山沟，就是当时怪兽的尾巴抽出来的)，最后挣扎了一番就死了。孙斌周从怪兽的嘴里钻了出来。村民们欢呼着从四面八方涌来，向为民除害的英雄致谢！

将军庙(史兆仁摄于 2017 年 8 月 23 日)

事过不久，唐末农民起义领袖黄巢率领的起义军撤退到这一带，孙斌周报名参加了起义军。由于他聪明、机智和勇敢，很快就成为黄巢身边的一名得利助手和大将。在起义军与唐官兵的拼杀中，由于寡不敌众，孙斌周与起义军将士一起壮烈牺牲。

人们为了纪念这位为民除害的大将军和缅怀黄巢的英雄业绩，就在他牺牲的地方修建了“将军庙”。据当地的老人讲，在 20 世纪 50 年代以前，每年农历的正月十六，这里都会举行一年一度的庙会。到了“文化大革命”期间，庙宇被毁，庙会中断。现在这座小型的将军庙是在“文化大革命”后期建起来的。时至今日，每年的正月十六都有人前来焚香、叩拜，纪念这两位英雄，并祈求风调雨顺、五谷丰登。

(二)三官庙(西庙)

村民们说黄巢当年就住在村里,他还建了一座非常豪华的金銮殿,在金銮殿西面不远处就是三官庙。

三官庙(曲洪祎摄于 2006 年 12 月 24 日)

从庙的正门进去,两边各种有一棵树,对着正门供有天、地、人三座神像,分别是观音、土地神、关公。在三座神像的东屋一共有 4 间,西屋一共有 3 间。现在,这些建筑都已不在,原址上盖了民房。现有的三官庙是在黄巢在此村屯兵突围时建设的基础上不断修葺维护的。每次修葺完毕,都会把庙宇的修复情况记录在石碑上。由这些碑刻内容来看,三官庙总共经过四次重修,分别是在清乾隆甲子年(1744 年)、道光二十八年(1848 年)、光绪五年(1879 年)、光绪二十五年(1899 年)。据说,其中有一块碑上有碑顶,下有碑底且为一头乌龟。这些碑大都被毁坏或者被拿去用作了铺桥、修路、建房、修建水渠和水库大坝的建筑材料。

三官庙中插有一杆"神旗",由于黄巢村地处的区域降雨量较少,每当旱年就会由专门人员(村中德高望重的人)来舞动"神旗";而"神旗"舞动后的几天内,定会降雨。这些说法更增加了三官庙在村民心目中的重要性。三官庙中供奉着关圣、观音、土地三位神圣,每月初一、十五"点灯"的时候都会有相关的祭祀活动。

赵奎英老人说,他家中几代人都是三官庙的看庙人。三官庙中曾经立着三块石碑,内容主要是关于乾隆年间的祭祀仪式,以及嘉庆年间的主持颂

经、传授佛道仪式和光绪年间对三官庙的修缮活动。看庙人于每月初一、十五“点灯”，以明神灵。过去，每个庙宇都有自己的庙地。这些庙地由看庙人享用，庙地出产的产品用来供给庙宇的日常所需和重大活动的开销，剩余的那部分用来供给看庙人一家的花销。黄巢村的三官庙规模较大，其庙地规模也比较大。赵奎英回忆说，他家所看管的三官庙的“庙地”规模有七八亩，包括一片核桃树和柿子树的混合林以及常规农作物田地。这片田地和林地对赵奎英老人一家的生活也颇有益处。

（三）土地庙

过去，在三官庙西侧建有小型的土地庙，庙内供奉土地爷神像。庙门前有一副对联，上联是“土地当门坐”，下联是“保佑全家人”，横批是“土地正神”。这里的土地庙在民间信仰中是泼汤的地方，即该村及附近村民在此地送去世的老人去西天拜见佛爷。

土地神又称“土地公”或“土地爷”，是民间信仰中的地方保护神。土地神源于古代的“社神”，是管理一小块地面的神。

土地神的形象大都衣着朴实，平易近人，慈祥可亲，多为须发全白的老者。供奉土地神的土地庙大多比较简陋。一些大庙也有在殿堂中设有当地土地神位者。土地神的神诞之日是二月初二。旧时，官府和百姓都到土地庙烧香奉祀。现在，黄巢村依然保留着人去世后到土地庙遗址“报庙泼汤”的习俗，可见土地神信仰在民间的影响深远。

（四）魁星庙

据村民们回忆，黄巢村魁星庙的庙宇建在一个斜坡上，庙后有两块大石头。庙里的魁星面目狰狞，金身青面，赤发环眼，头上还有两只角。魁星右手握一管大毛笔（称“朱笔”），左手持一只墨斗，右脚金鸡独立，脚下踩着海中的一条大鳌鱼的头部（意为“独占鳌头”），左脚扬起后踢，脚上是北斗七星。

这魁星是谁呢？古代有一个秀才，名字已不可考。据说，此人聪慧过人，过目成诵，才高八斗，出口成章，可就是长相奇丑无比，又长了满脸麻子，还是瘸子，走起路来一拐一拐的。但是，他文章写得相当好，乡试、会试皆高中榜首。到了殿试时，皇帝亲自面试他的文才，一看他的容貌，心中不悦。

皇帝问:“你脸上是怎么回事?”他回答:“回圣上,这是‘麻面映天象,捧摘星斗’。”皇帝觉得这人怪有趣的,又问:“那么你的瘸腿呢?”他又回答:“回圣上,这是‘一脚跳龙门,独占鳌头’。”皇帝对他的机敏感到很高兴,又问:“那朕问你一个问题,你要如实回答。你说,如今天下谁的文章写得最好?”他想了想说:“天下文章属吾县,吾县文章属吾乡,吾乡文章属舍弟,舍弟请我改文章。”皇帝大喜,阅读完他的文章后,更是拍案叫绝:“不愧天下第一!”于是钦点他为状元。魁星手里拿了一支笔,专门圈点考试中榜者的姓名。谁梦见魁星,谁就能成为考场上的幸运者。

关于“魁星神仙”在黄巢村还流传着这样一个传说:

很久很久以前,黄巢村一带连续三年发生特大旱灾,庄稼颗粒无收,老百姓靠吃树皮、野菜度日,有的被饿死,有的外出逃荒。第三年的六月,天空终于降下了人们盼望已久的雨水。但这时节,庄稼早已过了种植季节,人们又由高兴变为失望,只能望雨兴叹。这时,魁星神仙云游至此,看到这里的情景,决定拯救这一方百姓。他到南海观音菩萨那里要来了晚季粮食——荞麦的种子,撒在了黄巢村一带的山岭上。不到一个月的时间,山岭上到处长出了红色茎秆、白色小花的荞麦,黄巢村一带的人们得救了……为了纪念这位大慈大悲的魁星神仙,人们修建了这座“魁星殿”。每年农历的六月,十里八乡的百姓都前来烧香叩拜,以表谢意。

魁星庙旧址(孙芳摄于2017年8月25日)

村民有句顺口溜："头伏萝卜二伏菜，三伏还能种荞麦。"意思是夏季进入伏天的时候，头伏（从夏至开始后10天）适合种植萝卜（青萝卜、白萝卜、胡萝卜等），二伏（头伏之后10天）适合种植白菜和各种青菜，三伏（二伏之后10天或20天）再种植荞麦也不晚。

黄巢村的魁星庙已经在"文化大革命"期间被拆毁。村里的一位老人说，他曾经参加过魁星庙的拆庙工作。据他说，关于拆庙原因有两种说法：一说因为占用农民的住房和耕地；一说当时一位村民嫌庙宇挡道，妨碍走路。

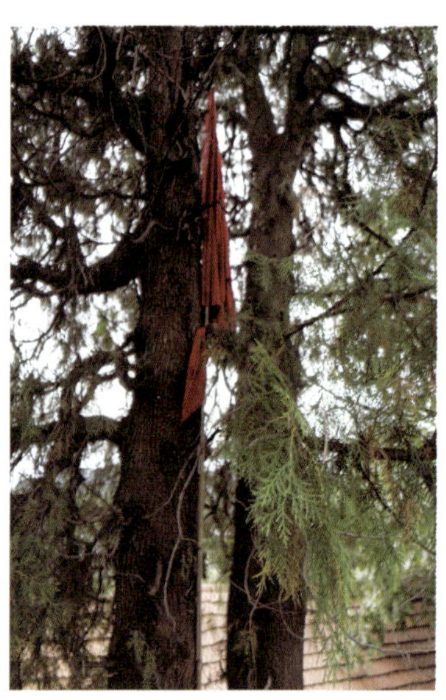

魁星庙旧址巨石上的两棵柏树
（孙芳摄于2017年8月25日）

居住在魁星庙旧址左边的那户村民热情地邀请笔者登上他家二楼平台，揭去几块厚厚的塑料布，下面就是一块宽约30厘米的厚木板"独木桥"，一头搭在魁星庙旧址的两块巨石上，一头搭在他家二楼平台。笔者小心翼翼地走过"独木桥"，发现巨石上竟然生长着两棵茂盛的柏树，据说拆庙时看到它们的根通过石缝深深地扎进泥土里了。

（五）倒坐观音庙

我们在采访调查时，村民回忆说，村里曾经有座倒坐观音庙，由青石板建成，里面供着一位观音神像，庙宇坐南朝北，庙高1.5米、宽1米、长1米。"观音为何倒坐，因众生不肯回头。"这主要是因为如来的大雄宝殿在北，观音面朝北好听如来说法。

村里人还给我们讲了一段关于倒坐观音的传说：

当年庞涓在云梦山鬼谷先师门下学艺时，自认为大器已成，于是中途辍学做了魏国的将军。马陵道之战，庞涓中孙膑计，战败而死。庞涓的阴魂不散，又回到云梦山，拜伏在鬼谷子先生足下苦苦哀求，要求重新收他为徒。鬼谷子大怒，痛斥道："庞涓呀庞涓，你平时不听我的教诲，刚愎自用，好胜逞强，心地狭窄，不仁不义，与你师兄自相残杀，今天落到这步田地，也是你的报应，还有什么脸面来见我？赶快回去闭门思过去吧！”

庞涓在师傅面前碰了一鼻子灰，并不甘心，又跑到南海在观音面前叩头求救，让观音去向鬼谷子求情，再收他为徒。观音一见庞涓，立刻把头扭了过去，没头没脸地训斥起来：“你鸡肚鼠肠、口蜜腹剑，你能欺骗孙膑，可你欺骗不了我。悬崖勒马，回头是岸。按照你师傅的安排，回去自省吧！我再送你一句话：‘行善事虽无人见，存良心自有天知。’”庞涓又讨了个没趣，悻悻回去自省去了。

观音对庞涓与孙膑的争斗，感慨万千，决心不再面对芸芸众生。从此，观音再没转过身来，因此人称“倒坐观音”。

黄巢村的将军庙、三官庙、土地庙、魁星庙、倒坐观音庙共同满足着村民们的各种心理诉求。虽然有的“庙”是有形的，有的“庙”是无形的，但是对黄巢村的村民来说，每一座庙都有意义。

二、守护宅院的“石敢当”

在黄巢村，常常见有小石碑立于桥道要冲或砌于房屋墙壁上，上书刻“石敢当”或“泰山石敢当”字样，以降恶避邪、禁压不祥。

黄巢水库旁弯道路边的石敢当(孙芳摄于2017年8月25日)

关于“石敢当”的文字记载，最早见于西汉史游的《急就章》：“师猛虎，石敢当，所不侵，龙未央。”明清以后，用“石敢当”（或“泰山石敢当”）镇宅或镇巷陌桥道之要冲的习俗颇为盛行。清翟灏《通俗编》引宋施青臣《继古丛编》云：“吴民庐舍，遇街衢直冲，必设石人或植片石，镌石敢当以镇之。”[①]

黄巢村一户人家临街窗外的石敢当(孙芳摄于 2006 年 12 月 24 日)

黄巢村口路边民房一角的石敢当(孙芳摄于 2017 年 8 月 26 日)

① (清)翟灏:《通俗编》卷二十四，清乾隆十六年翟氏无不宜斋刻本。

在我国北方，也有将“泰山石敢当”说成是“大夫”（即医生）的说法。晚清俞樾所著《茶香室丛钞》卷十记载：“齐鲁之俗，多于村落巷口立石，刻‘泰山石敢当’五字，云能暮夜至人家医病。北人谓医士为大夫，因又名之曰石大夫。”至于“石敢当”之前加“泰山”（即“泰山石敢当”），始于明代，流行于清代，达于今日，其意为“借泰山之神威以增石敢当之分量”。

关于石敢当（或泰山石敢当）的民间传说故事也于明清之后广为流传。据说，石敢当是住在泰山上的一位壮士，靠狩猎、打柴为生。曾从师习武，英勇过人。一天，他进城卖柴，看王员外家外面贴着一则告示：“谁能为他家降妖，愿将女儿许配为妻。”原来王员外有一千金小姐，不幸被一妖精作祟。王员外请牛鼻子老道设坛捉妖，结果被妖精一脚踢下坛来，跌得头破血流，无奈才张榜求救。石敢当见义勇为，决心除害。他持宝剑藏在小姐房中，当妖精进来时，他举剑大喝一声：“泰山石敢当在此！”妖精一听，吓得驾起妖风狼狈逃走。事后，王员外亲自把小姐送上泰山，和石敢当成了亲，小两口过起了美满的日子。谁知妖精逃走后，又跑到别的村去祸害。村民听说石敢当能驱妖，便来请他。可是，石敢当往这村赶，妖精又跑到那村去。石敢当四处奔波，非常辛苦。后来，聪明的妻子对他说：“何不把你的名字刻在石碑上，放在宅墙上？兴许能驱妖呢！”石敢当听了觉得有理，忙把这主意告诉大家。于是家家立起了石碣，上书“泰山石敢当”字样，妖精一看见他的名号就吓跑了。百姓从此就有了在房屋外墙壁立“泰山石敢当”以驱邪镇妖的习俗。

黄巢村一户民房门框上的石敢当（局部）
（史兆仁摄于 2017 年 8 月 23 日）

第四章
村落传说与记忆

黄巢村因唐末农民起义领袖黄巢的传说而得名。《新唐书·黄巢传》记载:"黄巢,曹州冤句人。世鬻盐,富于赀。善击剑骑射,稍通书记,辩给,喜养亡命。"意即黄巢是曹州冤句(今山东曹县西北)人,数代以贩私盐为业,家里资财雄厚。黄巢本人善击剑骑射,口才敏捷,粗通文墨。唐乾符元年(874年),濮州(今山东鄄城北旧城)人王仙芝聚集数千人起义,黄巢聚众响应。880年,黄巢率军攻入长安,唐僖宗逃往成都。黄巢即位称帝,国号"大齐",年号"金统"。884年,黄巢败亡。从起义到失败,黄巢纵横驰骋中华大地达10年之久,彻底动摇了大唐根基。黄巢失败不久,唐王朝即告灭亡,历史进入五代十国时期。黄巢所提出的"冲天""均平"的思想,对后世农民起义产生了很大的影响。

当年黄巢带领义军千余人马,沿泰山北麓偏僻的左山道进入柳埠,想依据这里的高山密林抵御唐兵,以便养精蓄锐、东山再起。他们在车子峪村修造、存放战车,加强起义军的作战能力;在蔡峪村种植蔬菜,发展生产,给养军需;在裁缝峪村建立服装厂,制作军服;在三官庙处设立大本营,将本村大地主杜清江的大院设为黄巢的"金銮殿"。黄巢准备在这里训练、武装一支正规部队后,再取长安。黄巢带领义军凭借高山密林,顽强抵抗紧追而来的唐兵,给唐兵以重大杀伤。最后双方在该村北面的交战岭展开决战。义军

凭险把守，一次次将冲上来的唐兵打下去。最后黄巢趁唐兵疲惫时带领义军冲下山岭。战场上，尘烟四起，血肉横飞，喊杀声，刀剑撞击声，声震数里。交战岭西南面的“死人沟”内血流成河，死尸遍地。最后，黄巢起义军终因寡不敌众，弹尽粮绝，全军覆没。黄巢这位叱咤风云的大将军也自缢身亡。为了纪念他们，人们把自己祖祖辈辈繁衍生息的地方用他们的名字和事迹来命名，这就是“黄巢村”“车子峪”“蔡（菜）峪”“裁缝峪村”的来历。1989 年 12 月 30 日，黄巢地区被济南市历城区人民政府命名为“黄巢农民起义纪念地”，并被定为县级重点文物保护单位。

将军庙里的“将军爷”（史兆仁摄于 2017 年 8 月 23 日）

将军庙只有一间殿，里面是黄巢黄袍加身的金身塑像，只见他盘腿端坐在一块盖在平坦巨石上的铁板上，铁板上面还铺了几块白色瓷砖；头顶悬挂着一块四边垂着荷叶边和六根下部打结的黄绸飘带的方形顶帐，身后挂着一块深红色绸布，算是他的帷帐了；面前摆放着三个用来盛装贡品的白色瓷盘，两对烛台（一对铜制的，一对玻璃的），两对大小不同的花瓶，一对茶黄色的瓷狗的中间摆放着一只龙舟样式的花插。塑像右侧摆放着一尊小小的送子观音瓷像，前面放着一只口小肚圆的红色小花瓶。塑像左侧放着一块黑板，上面用红粉笔写着“愿天下人永远平安、永远吉祥”，立着一则用黑笔写的敬告：“凡来此庙上香的善男信女禁止在庙内烧纸，西边有火池。”旁边还有一个盛有几把香的托盘。塑像前面的地上由左往右依次是一个上锁的善款箱、一个带支架的元宝形红色铁香炉和一个放在小圆木桌上的元宝形银色香炉。

紧邻将军庙的西侧，是一座用红砖砌成的香火池，样子有些像柳埠镇四门塔。底部中空，四壁全部用红砖砌成，前面正中开一长方形洞，上面是一块水泥板，水泥板上再用红砖一层一层砌起来，层层收缩叠筑，成四角攒尖方锥形，顶部看起来像是红色的元宝托着一个红球。心有所求的村民来到将军庙虔诚地祭奠、跪拜后，把黄纸、烧纸、草纸以及成捆成把的烧香点燃，火苗熊熊燃烧起来，氤氲的香火中寄托了他们最真挚的愿望。

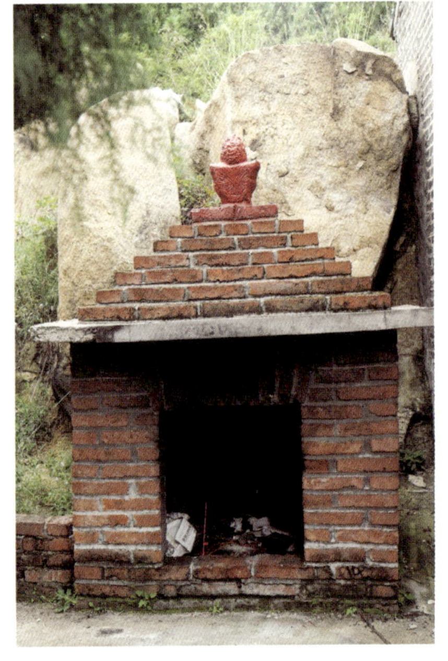

将军庙西侧的香火池
（史兆仁摄于2017年8月23日）

顺着将军庙继续往上走，还能看到竖立在路边的几块说明牌，分别就黄巢、黄巢起义纪念地、黄巢咏菊诗作以说明。其中，《黄巢咏菊诗》内容如下：

黄巢咏菊诗

其一

待到秋来九月八，我花开后百花杀。
冲天香阵透长安，满城尽带黄金甲。

其二

飒飒西风满院栽，蕊寒香冷蝶难来。
他年我若为青帝，报与桃花一处开。

在《水浒传》第三十九回中宋江曾作诗：

身在山东心在吴，飘蓬江海谩嗟吁。
他时若遂凌云志，敢笑黄巢不丈夫。

宋江因酒后作诗带有黄巢名，因而被判死罪。由此可见黄巢影响之大。《黄巢简介》说明牌上有关于黄巢的介绍：

黄巢(820～884年),唐朝曹州(今山东省菏泽)人,世为盐商。黄巢少时积财聚众,喜赌博。……乾符二年(875年)初,王仙芝、尚让等在长垣(今河南长垣东北)发动起义,唐末农民起义爆发。同年五月,黄巢与同族兄弟、子侄黄揆和黄恩邺等八人募众数千响应。接着王、黄两军会合,协同作战,东攻沂州(今山东临沂)不克,就向西进攻洛阳周围地区。唐统治者急调大军夹击。王、黄乃于乾符三年十月间南趋唐州(今河南沁阳)、邓州(今河南邓州),以后又活动于今河南、湖北、安徽等地,反复冲击敌人。同年底,蕲州(今湖北蕲春东北)刺史对王仙芝进行诱降,仙芝动摇,欲受唐官职。黄巢指斥他说:"起初我等共立大誓,横行天下,你独自取官降敌,广大群众何所归宿!""因怒,击伤仙芝首。仙芝畏众怒,不敢受唐命,遂与黄巢分兵作战。"黄巢率军北上,攻克郓州(今山东东平北)、沂州等地。以后王、黄虽曾一度合攻宋州(今河南商丘南),不久又分兵。乾符五年,王仙芝在黄梅(今湖北黄梅西北)战死,尚让率余部奔亳州(今安徽亳州)与黄巢所部会合,推黄巢为王,号"冲天大将军",建元王霸,署置官属。

从此,黄巢成为起义军的最高领导人。两支义军会合后,势力又见壮大。黄巢再度北上,克沂、濮等州,然后沿黄河南岸西进,"欲窥东都(洛阳)",唐朝急调军队增援东都。黄巢知攻东都无望,于是引兵南下,渡过长江,东趋下游。在越州(今浙江绍兴),遭到镇海(今江苏镇江)节度使高骈部将张璘、梁缵的阻击,义军乃转由浙江南进,开山路七百里,进入福建,攻克福州(今属福建)。黄巢在福州大力打击官僚、地主,杀了顽固不化的"处士"周朴。

乾符八年十二月十三日(881年1月16日)黄巢即位于含元殿,国号大齐,改元金统。原唐朝官员,四品以下酌情留用,三品以上全部罢官。其中主要官员有:尚让为太尉兼中书令,赵璋为侍中;原唐官崔和、杨希古并同平章事(即宰相);孟楷、盖洪为尚书左、右仆射,兼军容使(掌管近卫军队);翰林学士中还有著名诗人皮日休。黄巢在长安执行严惩皇族、公卿的政策,唐宗室留长安者几无遗类。义军查获降官张直方夹壁中隐藏的高官显贵百余人后,将其全部处死。大齐政权还没收富豪的财产,号称"淘物"。富室皆赤脚而行。次年,唐军曾一度攻入长

安，义军暂时撤出，当夜反攻，将唐军驱逐出城。

黄巢既未派大军追击唐僖宗，也没有全力歼灭分镇关中的唐朝禁军，而且大齐政权也缺乏必要的经济政策，生产、财政均无着落。这样，双方力量对比就逐渐发生了不利于义军的变化。关中地主坚壁清野，使大齐政权陷入严重的缺粮困境；中和二年（882 年）大齐的同州（今陕西大荔）防御使朱温叛变降敌；沙陀族李克用应唐朝的乞援，率劲旅一万七千人南下。这时，黄巢发现困守关中已很不利，乃于中和三年四月东撤，攻逼蔡州（今河南汝南），唐节度使秦宗权战败，投降黄巢。

六月间，义军开始围攻陈州（今河南淮阳），守将顽抗，义军久攻不克。朱温和李克用又先后前来增援，黄巢遂于中和四年四月解围，逾汴而北。又遇到唐徐州节度使时溥的阻击，作战不利，最后退至狼虎谷（今山东莱芜西南），于六月十七日兵败自杀（一说为甥林言所杀）。历时九年余的农民战争至此结束。

不久后，唐王朝即告灭亡，历史进入五代十国时期。

黄巢村碑位于黄巢村的东头，南北方向，高高矗立着。这座村碑是 20 世纪 70 年代初期为响应上级“环境革命化”的号召而修建的，距今已有 50 年的历史了。村碑的碑面是长方形，中间稍高 50 厘米，两边高 5 米，宽 5 米，碑座厚度和高度都是 1 米，碑身厚度 80 厘米，属浆砌石结构。整座碑是由白砂石和红花岗石砌垒而成。这些长方体石块每块的长、宽、高分别为 30 厘米、15 厘米、40 厘米，是由当时的能工巧匠张永才、张永茂、孙长德等加工而成的。原来村碑的东面有 1927 年秋毛泽东主席手持雨伞去安源的巨幅油画像，碑的背面有毛泽东主席在华北某地雪地上站立的油画像。两边的对联写着：“伟大的中国共产党万岁！伟大的领袖毛主席万岁！”碑座的空心处用隶书雕刻着“敬祝毛主席万寿无疆”。人们一走进黄巢村头，抬头就能看到毛主席的巨幅画像，这是当时黄巢村人为之骄傲的一道风景。1998 年 6 月，村碑的领袖画像全部脱落。村里的几位热心人齐来发、刘克伟、孙广汉、支传福、支传法、杜兆广等将脱落的墙体重新进行粉刷，孙广汉用九宫格放大法改写成金黄色 2 米见方的楷体大字——“黄巢”；两边的对联也改成了唐末农民起义领袖黄巢的诗句：“他年我若为青帝，报与桃花一处开。”下面从左到右写着“黄巢农民起义纪念地”。石碑的背面从左到右写着另外四行诗:“待到秋来九月八,花开后百花杀。冲天香阵透长安,满城尽带黄金甲。”①

黄巢村村碑(孙广汉供图)

一、集体记忆:黄巢故事代代传

提到黄巢,黄巢村的村民们总是称其为“皇上”,言语中处处流露出对黄巢的尊敬。下面这些有关黄巢的传说故事,是由笔者在田野调查访谈的基础上,参阅孙广汉老师在《柳埠民间传说》和《柳埠神韵》上撰写的有关故事整理而成。田野调查访谈对象均为黄巢村村民,主要有:孙广汉,男,56 岁;刘洪臣,男,83 岁;田乃祥,男,82 岁;杨殿兰,女,76 岁;赵奎英,男,76 岁;杜照发,男,66 岁;陈玉生,男,66 岁。②

(一)黄巢祭刀

黄巢于公元 875 年率众起义。相传他起义前就在柳埠的神通寺操练人马。寺内的 500 名武僧是他的基本力量,附近的黄巢村是他屯兵和作战的地方。

---

① 2017 年 8 月 22 日发现,村碑背面的诗句已经完全脱落,并且成为一户村民的院墙。

② 村民年龄以 2006 年调查数据为准。

起义前，黄巢的军师告诉他，要杀住持和尚来祭刀，起义才成大业。寺里的主持和尚叫便律，是黄巢的好朋友，无怨无恨，怎忍心杀他呢？黄巢把这件事告诉了便律，让他躲一躲。便律法师是个开明的人。他想：当今皇上昏庸无道，祸国殃民，实在是到了官逼民反的地步。就拿黄巢来说，这个有雄心奇才的人考中了文状元，又考中了武状元，却不被重用；而那些皇亲国戚及无德无才之人却掌握朝政，横行霸道。假如黄巢起义成功，除掉昏君，那是天下百姓的福。于是他对黄巢说："兴兵起义，总得要祭刀的，只要能搭救千千万万受苦受难的百姓，我一个人断头又有何妨！"黄巢听罢感动地说："老方丈爱民之心实在令人敬佩！不过我主意已定，一个好人也不杀，到时候你还是躲一躲吧！"

离起义的日子越来越近，便律害怕了。他怕起义不成功自己受到牵连，于是背信弃义，把黄巢起义的秘密告诉了官府，黄巢得知后只得提前起义。

起义这天，黄巢竖起大旗，跃马扬鞭，威风凛凛，要杀人祭刀了。可他是个善良的人，不肯无故杀人。心想，要是捉住背信弃义的便律，用他祭刀该多痛快！可惜他早已跑得无影无踪了。这时黄巢看到了眼前的那棵空心柳树，就想：何不用它来祭刀？黄巢运了运气，跃马向前，手起刀落，那棵碗口粗的柳树被拦腰斩断了。不料随着柳树倒地，一个人头也滚了出来，此人正是便律和尚。原来便律和尚做了亏心事，唯恐黄巢杀他，吓得无处躲藏，最后躲进空心柳树内，以为这里最保险，没想到做了黄巢的刀下鬼。

黄巢杀了便律和尚，完成了祭刀仪式，便率领大队人马顺着玉符河浩浩荡荡出征了。现在玉符河上游的黄巢村以及中下游的兵渡口、饮马村的村名都与那段历史有关。

（二）卧牛石的传说

走进黄巢村，顺着东西主河道右边的水泥路向西走，在路边东南角的一个小胡同口外面，有一块石头像蜷身而卧的牛，人们叫它"卧牛石"。"牛头"向南，"牛背"光滑平整，"牛尾"安静地绕在身上，但唯独没有牛角。

相传当年黄巢率领起义军在村里屯兵时，发生了这样一件怪事：村里有一位给地主放牛的小伙子，早晨牵着 9 头牛去山上放牧，傍晚回来时竟然成了 10 头。小伙子感到很奇怪,又仔细数了几遍,结果还是 10 头。第二天、第三天还是这样……

卧牛石(孙广汉供图)

更令人惊喜的是,多出来的这头牛体格健壮,毛色光亮,双角好似利剑。由于不知道这头牛是从哪里来的,村民们便认为这是一头“神牛”。黄巢听说后,也好奇地来看神牛。没想到神牛一见到黄巢,顿时精神大振,不停地向黄巢致意,黄巢也忍不住赞叹道:“这真是头神牛啊!”

不久,黄巢带领起义军与紧追不舍的唐兵在交战岭展开激战。只见这头牛挺着利剑似的牛角冲入了敌阵,把一个个唐兵“串”了糖葫芦。一个唐兵将领趁牛不备,举刀砍掉了神牛的一只角。神牛扭转身,前身腾空而起,将这个将领挑起来,摔死在死人沟内。因此,我们现在看到的卧牛石是没有角的。

黄巢兵败以后,村民们听到神牛冲着死人沟的方向,连续哀嚎了三天三夜,不吃不喝,最后化作了一头蜷卧的石牛。现在仍有村民在年三十晚上用饺子等供奉它。

(三)不长针刺的酸枣树

在黄巢村西头的三官庙附近,有两个很神奇的现象:一个就是这里生长着一簇不长针刺的酸枣树;另一个现象是多少年来这个村里的人们从来没有见到过屎壳郎(一种食用粪便的小昆虫)。村民说,是黄巢“命令”酸枣树不长倒钩,让“屎壳郎”滚蛋的。

传说有一天，黄巢身披战袍，站在三官庙前，思索着击退唐兵的计划。手下将士突然来报："启禀将军，官兵已追至柳埠地段，距我兵营只有30多里了。"黄巢听后急忙转身回大营，不料身上的战袍被一物扯住。他低头一看，竟然是一颗酸枣树的针刺钩住了战袍，还有一个黑色的"屎壳郎"在他的脚前爬动。黄巢怒目而视，斥责道："我现在忙于备战，你这可恶的针刺和屎壳郎却来烦我，你这酸枣树以后不准再长针刺了！"并且一脚将屎壳郎踢出了很远，命令道："你这屎壳郎也赶快滚蛋，不准再在这里出现！"据说，第二天这棵酸枣树的针刺全掉了，以后再也没有长，那屎壳郎也跑得无影无踪了。村民们纷纷传说，黄巢是咱农民的皇帝，连草木和小昆虫都听他的命令。

（四）车子峪村的瞭望树

884年6月，黄巢兵败陈州（今河南淮阳）后，只带领1000人马向山东泰山地区撤退，来到历城南部山区柳埠镇境内的黄草峪安营扎寨，准备凭借这里的有利地形重整旗鼓，东山再起。这里山峦挺拔，地势复杂，易守难攻。黄巢在这里的菜峪村种植蔬菜，发展生产，给养军需；在裁缝峪村制作军服，加紧训练，准备武装一支正规队伍，再取长安。

在当年黄巢起义军竖大旗的"旗杆窝"山顶的西南脚下，有一个只有几十户人家的小村庄。这里三面环山，丛林覆盖，泉水甘甜清澈。这就是当年黄巢义军的兵器加工作坊——车子峪村。在这个村子西面的一个小山沟里设有黄巢关押土豪劣绅的"监牢狱"（遗迹尚存），老百姓现仍称此处为"监牢狱沟子"。在村子的东北方向有一个小山头，山头上有一棵四人才能环抱过来的大槐树，人们称这棵树叫"瞭望树"。

相传当年黄巢在这里建立兵器加工作坊和"监牢狱"以后，为了防备唐兵的偷袭，保卫兵器加工作坊和监狱的安全，义军的岗哨就安在这棵大树上。树的东北面是与唐兵交战的主战场交战岭，南面的平视方向是黄巢的大本营黄草峪。义军的哨兵在大槐树的东、南、西、北的各枝杈上绑上各色的旗子，唐兵从哪个方向出现，哪个方向的旗子就开始摆动，摆动几下就代表唐兵来了多少人马。就这样，兵器加工作坊与主战场、主战场与大本营之间遥相呼应，形成了一道坚强的战斗堡垒。正是由于这棵大树的帮助，黄巢义军凭着准确的军事情报，粉碎了唐兵的数次进攻，给唐兵以重大的创伤。

如今这棵大树虽然经历了1000多年风雨的洗礼，但在村民的精心照料下，依然枝繁叶茂，郁郁葱葱。五根大树枝向外伸开，像一位正在向山下张望的哨兵。为了纪念那段悲壮的历史，这里的人们就将这棵大树取名为"瞭望树"，还为它立了石碑（后丢失）。

（五）龙潭杀唐兵

当你乘车沿着窝铺至黄巢村的水泥路爬上于科岭，首先展现在你面前的是巍峨的和尚帽子山（又称"旗杆窝"）和交战岭，它的脚下是将军庙和碧波荡漾的黄巢水库。黄巢水库又叫"龙潭"，相传龙潭也曾帮助黄巢起义军立了大功。

龙潭1（史兆仁摄于2017年8月23日）

据传说，当年龙潭里的水神见唐兵把起义军逼得无路可走，便化身成一位美女来到唐兵的兵营里。她一边向唐兵微笑，一边向龙潭的方向跑去。唐兵看到这位大美女，便想抓住她，于是纷纷追赶起来。当唐兵追到龙潭边时，发现美女正站在齐腰深的水里向他们招手，唐兵们心想这龙潭的水应该不深，便一个个向水中跳去。可是下去一个没了踪影，再下去一个也不见出来……其余的唐兵再也不敢向水里跳了。这时，美女又出现在

龙潭边的一个洞口旁(该洞口现在已掩盖在水库大坝的石坝下面)。当剩下的唐兵追到洞口时,美女又不见了,只见洞内一盏金灯正放射出耀眼的光芒。唐兵们知道这是一件宝贝,可是洞内的水太多,根本没法进去。于是,他们抬来了古老笨重的抽水机——水车向洞外抽水,一连抽了九天九夜才将水抽干。唐兵们蜂拥而进,扑向这盏金灯。这时,一股巨大的水流从洞中喷涌而出,把这些唐兵全部淹没在水中……原来洞中的这盏金灯被一只巨大的乌龟保护着,当乌龟看到唐兵要抢这盏金灯时,就把洞中的水全部喝到自己的肚子里;等唐兵进来时,又把喝进肚子里的水吐了出来,淹死了这些唐兵。自此,村民们视龙潭如珍宝。

龙潭 2(史兆仁摄于 2017 年 8 月 23 日)

(六)金泉子的传说

在和尚帽子山的脚下,坐落着几个小村子,这就是大、小蔡峪村和上、下黄瓜峪村。在下黄瓜峪村有一眼水源特别旺盛的山泉,无论天气多么干旱,这眼泉水从不断流,人们都称它是"金泉子"。据传说,这还是当年黄巢给这眼水泉封的号呢!

传说当年黄巢带领起义军来到现在的黄巢村安营扎寨,想凭借这里的有利地形休整部队,准备东山再起。俗话说:"兵马未动,粮草先行。"来到这里后,黄巢思考的第一件事就是士兵的生活问题。他想:将士们跟随我黄某南征北战已近10年。十年来，不少将士为义举殉难；更有不少将士因长期流动作战，营养不良，身体状况一直不好。将士们养不好身体，又怎能与唐兵拼杀呢？想到这里，他步出大本营，准备选择一处种植蔬菜的地方。当黄巢来到当时的“皇姑峪”（黄瓜峪村原名）村头，发现了这一山泉。当时，这一带天气干旱，周围的村庄基本都已断水，而这眼山泉里的水却特别旺盛。黄巢捧起泉水喝了一口，清凉甘甜的泉水引得他啧啧称赞：“这泉水真比黄金还珍贵啊！这就是我黄某要寻找的‘金泉子’啊！”

回到大本营，黄巢立即分派士兵在这里种上了各种蔬菜，为部队补充营养。那一年这里的蔬菜不仅长得特别好，而且还没有任何虫害。黄巢的将士们吃了这里的蔬菜，喝了这眼泉水，身体素质得到很大的提高。黄巢非常感激这眼泉水的帮助，遂封它为“金泉子”。

金泉子（孙广汉供图）

1100多年过去了，这山泉里的水仍然是那样的清澈，那样的旺盛。据这个村90多岁的陈大娘说，她从十四五岁就喝这泉水，身体一直很结实，现在都接近100岁了，耳不聋，眼不花，很少生病。另外，这泉水在冬天还没有结过一次冰，早晨起来还冒热气呢！真不愧是“金泉子”啊！

为了纪念那段悲壮的历史，人们把原来的“皇姑峪”改名为“黄瓜峪”和“菜峪”。

(七)为野菜封号的故事

当你漫步在黄巢村周围深秋的田野,你会发现这样一种景象:漫山遍野的蓬棵菜随着秋风的吹动,满山乱滚;而长在菜园边、地堰下的马齿苋却用那红色的茎秆擎着它那丰硕的果实,郁郁葱葱地生长着。关于这两种野菜的生长反差,在黄巢地区一带流传着这样一个传说:

当年黄巢带领农民起义军转战到柳埠的黄草峪一带,由于旅途劳累,又加上与唐兵一路不停地战斗,来到交战岭时已是人困马乏,饥渴难忍。为了解决眼前的困境,黄巢趁士兵们休息时步出帐篷,想寻找点充饥的食物。他在一片刺槐林边发现了一簇簇形似松针但比松针叶小的一种野菜,亲口一尝,味道纯正。他就拔了一大把带回帐篷,放在锅里用水煮熟,然后捞出拌上食盐一尝。呀! 真是上等的食物。将士们立刻四处寻找这种野菜,如法炮制了一顿丰盛的饭菜。黄巢非常高兴,特赐封蓬棵菜为“野菜王”。从此,蓬棵菜长得更加旺盛,有的茎秆长到1米多高。

转眼到了秋天,黄巢在休息之余又发现了马齿苋这种野菜,它汁液比蓬棵菜多,拌上盐,再与磨细的玉米面搅拌均匀,煮熟后就是一顿很好的“菜豆腐”。黄巢感慨地说:“这荒山野岭真是有取之不尽、用之不竭的‘野味’,马齿苋可以说是‘野菜王’。”得到这一封号的马齿苋,生命力越来越强,即便将它连根拔起,在烈日之下暴晒一两天,如重新把它栽到土里,它又会枝繁叶茂地生长起来。

蓬棵菜知道了这件事后,气不打一处来。它想:我蓬棵菜是最早被封为“王”的,岂能让它(马齿苋)取而代之,真是太不公平了。它越想越气,越气身子撑得越大,最后连扎在土里的根也气断了,还是觉得不解气,便漫山遍野地翻滚着。滚过一到沟坎就跳一个高,接着高喊一声:“不公平!”……1100多年过去了,蓬棵菜还在山野上翻滚着……

(八)和尚帽子山上的“旗杆窝”

在黄巢村东北面和黄巢水库遥相对应的有三座较高的山头:西面这个山头叫“麦穰垛”;东面这座叫“交战岭”;中间这座山头的样子很别致,山顶上突兀而起一个圆丘,就像和尚戴的帽子,所以这座山得名“和尚帽子山”。

传说当年黄巢带领起义军来到柳埠西南，只见前面一座高山险峻陡峭，而山顶上却地势平坦，黄巢就决定在这里暂时住下来。可惜的是山上没有水源，别说是饮马，就是士兵们用水也相当困难，不得不从山下运水上山，黄巢常为此事忧虑。

一天傍晚，营门外有一自称是神通寺和尚、法号良月的僧人求见。黄巢急忙把他请进帐内，向他讨教灭唐大计。二人说得十分投机，通宵达旦，毫无倦意。天色将明，僧人起身告别，临走时拍着黄巢的肩头说："将军力可拔山擎鼎，又精于文韬武略，何愁大事不成！"说话间，黄巢觉得一股神奇的力量从僧人之手传到自己身上。他感觉手指胀得发痒，就攥起拳头使劲一伸，一拳打在身旁的悬崖上，"扑通"一声，打出了一个洞。汩汩泉水随即从洞内流出，在低洼处积了一大片。

和尚帽子山(孙芳摄于 2017 年 8 月 25 日)

黄巢正暗自高兴，回头一看，僧人不见了。他非常惊奇，猛然想起那人自称"良月"，又居住神通寺，这不是朗公和尚来显灵吗？黄巢赶紧回帐。奇怪的是，刚才还是平坦的山顶，突然长出一个两丈多高(约 6.6 米)、几丈方圆，就像一顶和尚帽子似的大石丘，他的营帐被托在了石丘上。他沉思片刻，这才记起这个大石丘是和尚的帽子变的。再看那石丘四周，如刀削斧剁般陡峭，只有帽子的皱褶处变成了一条羊肠小道，通往山下。

不久，黄巢决定在这里插上他那写有"黄"字的大旗。只见他握住 36 尺

(约合 11.9 米)高的大旗杆,用力往石丘顶上一插,就听"嗵"的一声,旗杆插进石头里 3 尺有余(约 1 米)。大旗在山顶上一飘,十里八乡的老百姓蜂拥而来,起义军很快又聚集了好几千人马。

如今,这山顶的圆丘上还留有一个比茶碗口粗的石洞,当地人叫它"旗杆窝",说这是当年黄巢插大旗时留下的。还说,每到月明星稀的深夜,在山脚下就能听到大旗飘舞的声音。更有意思的是,如有人用碎石和泥土将此洞填满,经过一夜,第二日石洞又恢复原样,还是那么深、那么大。至于山顶泉水汇成的那水湾,早已成为干涸的池塘,滴水全无。然而,当地人仍称它为"饮马湾",说黄巢曾在此地饮过马。另外,此处还有宽阔、平整的"跑马场"。

(九)插艾蒿的传说

多少年来,在柳埠镇一带每年端午节这天早晨,家家户户都要在自己的家门口插上一把艾蒿。据传说,这一习俗也是为了纪念黄巢起义。

传说,南海观音菩萨闻知黄巢带领起义军举旗造反的事后,为了检验黄巢是否滥杀无辜,她就化身成一位 80 多岁的老妇人,肩上背一大孩子,手里领一小孩子,在农历的五月初四这天出现在黄巢必经的山路上。这时,黄巢骑着高头大马来到这里,见前面一老妇人挡道,举刀就要砍时,又对老夫人的举动产生了疑惑,连忙下马问明情由。老妇人说:"我肩上背的孩子是我自己的,在地上走的孩子是别人的,你若杀我必先杀死我的孩子,而别人的这个孩子可以找机会逃走啊!"黄巢一听恍然大悟,老妇人这是提醒我不要滥杀无辜。他忙跪在老妇人面前抱拳说道:"老人家请放心,我黄某虽然举旗造反,但我推翻的是唐朝的黑暗统治,决不滥杀无辜!"为了证实自己的诺言,黄巢从身边拔了一把艾蒿交给老妇人,说:"你只要在明天一早把艾蒿插在自己的大门口上,就证明你是平民百姓,不但我不杀你,我的将士也不会动你一根毫毛。"老妇人听后接过艾蒿,千恩万谢,一转眼就不见了。

观音菩萨将黄巢的这一诺言告诉了当地所有的平民百姓。于是端午节这天一大早,百姓都在家门前插上了艾蒿。起义军所到之处,见到插艾蒿的家门就知是平民百姓,连门也不进。见到门前没有插艾蒿的豪华宅院便知是土豪劣绅,该杀的杀,该逮的逮,毫不留情……

年复一年，直至今日，每逢端午节这一天，家家户户仍会在门口插上艾蒿。

黄巢为野菜马齿苋封号“野菜王”，给蔡峪的山泉封号“金泉子”，命令酸枣树不长针刺，随手将帅旗在和尚帽子山顶一插就留下了深1米有余的旗杆窝，车子峪的老槐树是为他通风报信的“信号树”，甚至正月十五挂红灯、端午节插艾蒿等习俗都与他有关。在这些世代相传的传说故事里，黄巢村周围一些风景优美的地方几乎都与这位起义军领袖“结缘”。

二、集体记忆：祭天“祈雨”求丰年

中国各地的祈雨活动，在相当长时间内受到学界的广泛关注，并产出了有许多相关研究著述。如胡朴安所著《中华全国风俗志》介绍了天津和四川的祈雨方式，《潮州祈雨的风俗》介绍了当时流行于潮州的雨神信仰及祈雨仪式，《翁源人的“祈雨”和“闹房”》介绍了流行于翁源的许神、打水醮、打龙潭、打大河等六种祈雨习俗，《漳州祈雨的风俗》描述了漳州流行的许天、许神、杀旱魃、称木屐与烧木等五种祈雨方式。从题目就可以看出这些文章均侧重记述祈雨的习俗。近些年出版的一些民俗志书中也开始介绍各自地区的祈雨活动，如《山东民俗》《山西民俗与山西人》等。这一类的文章也有很多，如《慈溪的龙王庙及祈雨活动》《龙是什么——象山半岛龙信仰调查》等。这些著作、文章不仅比较详尽地描述了当地的祈雨方式，也开始关注当地的信仰情况、民间传说等相关背景，有的还开始分析祈雨的组织特点及心理状态，显现出多角度、立体化的特点。安德明的《天水的祈雨：非常时间的象征处理》一文比较全面地介绍了仪式的过程、仪式的崇拜对象和仪式的组织等情况，同时运用民俗学、宗教学等学科的理论，主张把祈雨活动及与它对应的旱灾均看做一种和正常的日常生活及自然条件相对立的“非常”，从“正常”与“非常”相互转化的角度来观察作为非常事件的象征仪式——祈雨，并从中透视中国民众的心理观念。文中对祈雨习俗之所以存在的自然、文化、社会背景以及祈雨活动的社会、心理功能也都进行了探究。深入的田野调查、多角度的科学分析和实证性研究是该文的突出特点。这些研究为笔者研究黄巢村祈雨活动提供了思路。

对于黄巢村这个以农耕为主的位置偏僻的深山山村来说，果园和山地的收成就是"靠天吃饭"，水资源是命根子，旱灾是主要自然灾害之一。为祈求雨水，解除干旱，祈雨仪式经过不断发展，逐渐成为村落在农业受旱情威胁时举行的一项重大祭祀仪式。

据村民们说，黄巢地区的最后一次祈雨活动是在 1949 年。

祈雨对当地人来说是一件大事，以前通常是黄巢周围 7 个行政村(16 个自然村)到黄巢村协商祈雨事宜，参加祈雨的人员有 300 多人，他们分别扮演龙王、雷神、风婆婆、雨婆婆、分水夜叉等角色。祈雨过程中先后举行晒架、取水、扎街的仪式。

祈雨的第一步是"晒架"，即把庙里的神像都搬出来，摆好供品，上供，烧香，送钱粮，在西庙(也叫"三官庙""天爷爷庙")将神像晒三天。龙王、雷神、风婆婆、雨婆婆、分水夜叉等角色要化好妆后才能参加晒架仪式，神像的头上要戴上柳条帽，所有参加祈雨的人也都要戴上柳条帽。在仪式上，村民们还要打出黄巢留下的"帅"字旗(方形)和"龙""虎"旗(均为三角形，一面旗上正面绣着"龙"，背面绣有"五世齐昌"；另一面正面绣着"虎"，背面绣有"五谷丰登")，祈求天降甘露、五谷丰登、天下太平。在晒架的三天内还要"忌河"，不准到河里洗衣服、洗澡、倒垃圾等，因为会把河水弄脏，对龙王不敬。所有参加祈雨的男人在三天之内不准与女人同房。已婚女人一律不准参加祈雨活动。

如果"晒架"三天后还不下雨，就要准备"起驾"去柳埠镇天齐庙祈雨。走在最前面的是黄巢村的"帅"字旗和"龙""虎"旗。紧跟在后面的是"老龙王"，这位黑脸的老龙王身穿蟒袍玉带，坐在四人抬着的"龙椅"上，样子十分威武。紧随其后的是由二人扮演的"雨鳖子"，他们的脸上各画着一只张牙舞爪的"水蝎子"，身穿彩色服装，每人手持两根花棍，上缚花布，一边走"十"字花步，一边向龙王摇晃。这时，身穿蓝色服装的"捕捞王"，肩挂铜铃，腰系红腰带，边走边晃动着身上的铜铃。在他们的后面是化妆成花脸的"分水夜叉"，手持"三股叉"，又叫"马杈"，边走边跳。接着是涂着五彩花脸的"雷神"，每人手持一对用红花布包裹的铜锣，边走边舞着花样，用动作表现天空即将打雷的样子。紧随其后的"霹雳将军"身穿红花色服装，一手持木槌，一手持木匠凿子，边走边砸凿子，表现闪电的来临。后面是由身穿彩色服装的未婚

女子扮演的“风婆婆”“雨婆婆”们，有的手拿扇子边走边扇，有的手拿簸箕边走边扬。后面跟来的是“铺云童子”，左手持镜子，右手拿扇子，边走边做动作表现刮风下雨的样子。走在最后面的是手拿簸箕、彩色三角旗的若干陪衬人员，他们边走边高喊：“甘露细雨！甘露细雨喽！”300多人的祈雨队伍浩浩荡荡，颇为壮观。

祈雨队伍首先到将军庙前焚香、烧纸，然后到三龙潭（1956年修建黄巢水库时没入水中）处用新瓷罐“取水”，把水带回西庙上供。村民们把街道打扫干净，家里大门上放一个用柏树枝做的架子，用红纸写上“天爷爷”贴在架子上，用小瓷罐或瓷瓶供上清水。

“取水”完成后，就开始“扎街”，祈雨队伍徒步去柳埠天齐庙讨签。“扎街”的路线呈环行，去的时候经于科、窝铺，到柳埠，回来的时候走亓城、李家庄、赵官峪，来回需要一天的时间。据村民们说，天齐庙里的东岳大帝虽然不管水，但是管天神，“扎街”的作用就是去跟东岳大帝打个招呼：天旱了，我们来祈雨了。沿途各村都搭棚服务，尤其是到了窝铺，全村人都迎出村来。柳埠村的村民听说黄巢村祈雨队伍来了，都热情地招待，烧绿豆水给祈雨的人喝。到了天齐庙山门下，祈雨队伍要一口气奔上天齐庙山门前的108级台阶，接着在庙内的东西廊坊焚香、烧纸，然后由“老龙王”领头跪拜在正殿，向天老爷“讨签”。讨签时，参加祈雨的人嘴里要念着“当日有雨，赶快回家”。授签后，庙内的道士根据竹签上的字，告诉扮演“老龙王”的人：“天有大雨，赶快返回。”祈雨的人们在柳埠吃完午饭后便匆匆地往回赶了。通常刚到亓城村村口，大雨就会倾盆而下。

黄巢村曾流传一种说法：一个人死后，如果100天内不下雨，就会认为是这个人吸走了雨水，坟地里只有这个死人的坟头是湿的。在“晒架”和“扎街”都不管用的情况下，就要找湿坟头扒“旱包”，把死者的尸体从坟里挖出来进行暴晒和焚烧。据说，20世纪50年代的一个大旱之年，于科村正巧有一个死了不足100天的人，新坟头自然要比别的坟头湿，于是周边村子里的人就组织起来扒“旱包”。快扒开时，有几个民兵就朝着坟里开了两枪进行驱鬼，之后又拴上大绳子把棺材给拽开了。刚把棺材拽开，就看见南边天上出现了云彩，领头扒“旱包”的人招呼大家快点把人再埋了。主家到政府去告状，走到半路又耷拉着脑袋回来了，因为真的就开始下雨了。20世纪80

年代，北边小蔡峪村又发生了一次扒"旱包"事件。主家去柳埠告状后，派出所派人把领头扒"旱包"的人行政拘留了半个月。从那以后就再也没有发生扒"旱包"的事了。①

如今，济南市气象局在黄巢水库旁半山腰上的一片开阔地建立了于科人工影响天气作业点。黄巢村的杜书记告诉笔者，遇到适合的天气条件就会放炮，放完炮一般会下雨，不过常常是黄巢村不下或者下得不大，都下到周围的地方了。南部山区是济南各大泉群的主要涵养区，截至 2012 年 3 月，济南市在南部山区人工影响天气基地建成了 27 处固定火箭作业点，其中，在历城南部柳埠、西营、仲宫等地建设完成 11 处固定作业点，一旦出现有利天气形势，作业人员就要根据统一指挥实施人工增雨(雪)作业。目前的人工增雨(雪)技术还做不到"雪中送炭"，但可以做到"锦上添花"，每次作业的具体效果跟当时的天气情况有密切关系，整体上可以增加 10%～15%的降水量。一枚火箭弹目前的价格是 1200 多元，根据具体天气情况，一次要发射几十枚甚至上百枚，人工增雨成本很高，但对涵养泉群有很大的帮助，还能帮农民省下浇地的钱。人工影响天气在我们的生活中发挥着越来越大的作用，而将来势必会发挥更大的作用。"十二五"期间，济南将"根据全市现代农业产业体系建设布局和旱涝时段特点，强化技术支撑与综合服务，从农业

济南市于科人工影响天气作业点(孙芳摄于 2017 年 8 月 26 日)

① 参见孙芳：《济南黄巢地区的祈雨习俗的调查分析》，载《民间文化论坛》2006 年第 4 期。

增产增效需要出发，形成既可大力实施人工增雨增雪作业，又具备防雹、防霜和消雨、消雾等功能的人工影响天气综合体系”[①]。可以说，这些人工影响天气作业点就是今天黄巢村民的“龙王”！

三、传说解释与仪式记忆

（一）“祈雨”的心理诉求

民众世俗的愿望是民间信仰发生与发展的基本动力。人们多种多样的心理诉求及其不同的实现方式在性质上呈现出两种趋向：一是求吉，二是避灾。恩格斯在《反杜林论》中指出：“一切宗教都不过是支配人们日常生活的外部力量在人们头脑中的幻想的反映，在这种反映中，人间的力量采取了超人间的力量的形式。”[②]英国人类学家马林诺夫斯基认为：“初民对于自然与命运，不管是或则利用，或则规避，都能承认自然势力与超自然势力，两者并用，以期善果。”“他永远没有单靠巫术的时候，然在另一方面，倒有时候完全不用巫术，即如生火与许多旁的技能之类。凡有时候必要承认自己的知识技能不够了，便一定会利用巫术的。”[③]我们可以看到，各种神灵的“存在”和相关仪式的举行，不仅缓解和消除了人们对自然、人生的恐惧和焦虑，指引他们建立了有希望的生活，使他们对未来充满了积极的期待，而且在整个村落社会秩序的维护、生态环境的保护及协调村民之间关系等方面也都起到了积极作用。无论信仰的动机如何千差万别，但其效果都是“调适心理平衡，面对现实”。

黄巢村以山地为主，“靠天吃饭”。过去，面对不期而至的旱灾时，村民们就会怀着虔诚而又恭敬、恳切而又焦虑的心情进行祈雨，这是在生存压力下作出的选择。面临这一共同的生存危机，黄巢村与周围的村落有着共同

① 邱建国：《人工增雨，咱济南全国领先，仅去年就发射了 2709 枚火箭弹》，2012 年 3 月 26 日，http://www.dzwww.com/shandong/jinanxinwen/201203/t20120326_6997559.htm，2017 年 9 月 20 日访问。

② 《马克思恩格斯选集》第 3 卷，人民出版社 1972 年版，第 354 页。

③ ［英］马林诺夫斯基：《巫术科学宗教与神话》，李安宅译，中国民间文艺出版社 1986 年版，第 16 页。

的利益需求，采取了共同的祈雨活动。

祈雨仪式中浓重的表演成分既能发挥娱神娱人的功能，又能让人们把渴望丰收的愿望寄托在“老龙王”身上，缓解人们面临干旱威胁时的急迫心情。虽然祈雨能不能如愿是一件没有确定性的事情，但是把吉、凶、祸、福依托于一种冥想中的超人力量，却使村民们找到了心理寄托。在祈雨仪式中还要“忌河”[①]我们不能否认这种源自自然崇拜的原始思维观念带有迷信色彩，具有自发性和盲目性，但祈雨仪式的举行是否在促进社会稳定方面也具有一定积极意义呢？

上文提到的扒“旱包”其实就是在山东历城流行的“烧旱魃”或“杀旱魃”的祈雨习俗的具体体现。[②] 旱灾的发生在我国古代通常被看做是旱魃在作祟。据《山海经·大荒北经》记载：天女魃有止雨之能，黄帝在与蚩尤征战时请她下天，中止了蚩尤请风伯雨师兴起的大风雨。其后，魃不复上天，所居之处往往无雨。[③] 在《诗经·大雅·云汉》中这样描述：“旱魃为虐，如惔如焚。”围绕这种观念形成了利用法术的方式——“烧旱魃”或“杀旱魃”进行的禳灾求吉的习俗。在山东、河南一带，每遇大旱，乡民们便会认定这一带肯定出了旱古冢，会首(乡民们中主事的人)就会派出人马，四处打探它的下落。旱古冢也叫“旱包”，实际就是指“旱魃”。民间传说“旱包”常常化身为墓地中的尸骨，所以搜寻的主要对象也是墓地，看看墓地中是否有类似刚刚浇过水一样非常湿润的坟头。如果有，则说明旱魃在这里。人们就会闻讯从四面赶来，刨坟掘尸，曝晒三日，然后付之一炬。民间解释说，干旱是旱包用水为自己浇坟所致，所以烧死用水的“旱包”，天上自然就会有充裕的雨水为民浇田了。[④]

从社会心理学的层面来看，扒“旱包”这种现象可以理解为寻找“替罪羊”的群体心理的表现。既然不下雨，一定是因为有人得罪了上天，害得大家受牵连。既然只有他(她)的坟头是湿的，那么那个得罪上天的人就是他(她)。把他(她)的尸体扒出来晒一晒，取得上天的原谅，就会下雨。晒尸体这一行动带有驱疫巫术的色彩，而对坟头的选择则又有神判巫术的色彩。

① 忌河：不准到河里洗衣服，因为会把河水弄脏，对龙王不敬。
② 参见山曼、李万鹏、叶涛等：《山东民俗》，山东友谊出版社 1988 年版，第 379 页。
③ 参见袁珂校注：《山海经校注》卷十二《大荒北经》，巴蜀书社 1993 年版，第 490～494 页。
④ 参见苑利：《华北地区祈雨活动中旱魃与斩旱魃仪式》，载《思想战线》2001 年第 3 期。

从宗族的层面来看，这种行为无疑是宗族斗争的结果。很难想象，来自一个本地有势力的大家族的成员的坟头会被人挖开，更不用说暴晒尸体了。中国自古以来讲究“入土为安”，庄严、肃穆的丧葬仪式处处体现出对死者的高度尊重。毫无疑问，自己亲人的尸体被挖出来是一件极其受侮辱的事情，任何人都不会容忍这种事情发生或者坐视不理。在上文提到的黄巢村村民两次扒“旱包”的事件中，我们都看到了死者家属的软弱和无奈，他们没有力量阻止这种侮辱性事件的发生，恰恰说明了他们的家族在村落中是弱势族群。

另外，与求子、保平安等其他求吉行为不同，祈雨不是个人行为，而是一种地域性群体行动。祈雨的共同信念使大家团结成一个整体，处处表现出团结一致的团队精神。祈雨队伍每到一处，就会受到当地村民的热情接待，甚至有人还要把祈雨队伍拦住，虔诚地进行路祭，摆供、许愿、叩头、烧香、发钱粮，希望一旦求得雨水，自己的村里、地里也能分得一些。

（二）“祈雨”象征符号的运用与传说解释

祈雨仪式的唯一目的是求得雨水，从而摆脱这一群体面临的生存危机——干旱。为了实现这一目的，在祈雨的整个过程中会使用很多物品，而每一种物品的选择都可以说是对某种象征符号的运用与解释。在此，我们对两件物品进行重点分析。

1. 黄巢留下的大旗

黄巢村祈雨仪式最鲜明的特点之一，就是给予了农民起义领袖——黄巢很高的地位，具体体现就是仪式中对黄巢的祭祀和黄巢起义军的大旗在仪式中的重要作用。虽然黄巢村是不是黄巢的殉难地还有争议，但是他已经走进了村民们的生活，烙印在村民们的记忆中。

在村里调查时，我们听到了很多关于黄巢大旗的传说故事。一个大旱之年的炎热中午，一条小白蛇从将军庙里爬出来，在龙潭仅有的水洼里来回游动。有人说，这是黄巢的化身，只有请他帮忙才能祈求到雨水。于是人们立即将这条白蛇“请”回黄巢村的三官庙供奉起来，派专人看护，并决定打出黄巢的大旗去柳埠镇天齐庙祈雨。于是，祈雨大军中的“老龙王”在“鱼鳖”等虾兵蟹将的簇拥下，高举着黄巢大旗，先在将军庙前焚香许愿，再到三官庙里叩头请神。然后，祈雨大军头顶炎炎烈日，浩浩荡荡地向柳埠镇天齐庙

前进。祈雨人员在从天齐庙返回的途中,雨就下下来了。人们纷纷传说,"祈雨"成功是黄巢显灵,他在九泉之下还记挂着我们平民百姓。从此以后,"祈雨"仪式中都要对黄巢进行隆重的祭祀,他的大旗也被看做是有神力的法器了,只要组织祈雨一定要打出黄巢大旗。村里的几位长者和村干部都说,黄巢村确实曾有保存下来的黄巢大旗,但大旗在"文化大革命"时被烧毁了。

这是一种"地方性知识"。对此,阐释人类学家提醒我们,必须以"主位观"的视角进行研究分析。[①] 其实,这些传说是否具有历史的依据并不重要,它实际是对实有事件的符号化转述。在村民们的心里,史实变得无关紧要,重要的是记忆和必须记忆。在村落共同体中,关于黄巢的各种传说是黄巢村人所拥有的韦伯所谓的"共同记忆"。对于黄巢村民来说,村落的意义不是关于村落生活或村落历史上的某些基本事实,而是一种村落建构物,是历史文化在村落族群的边界中所建构出来的。美国人类学者凯斯(Charles F. Keyes)认为,文化认同本身并不是被动地一代一代传下来的或者以某种看不见的神秘的方式传布的,事实上是主动地、故意地传播出去的,并以文化表达方式不断加以确认。[②] 在黄巢村,黄巢大旗被赋予了求吉功能,也让黄巢村有了"符号资本",成为祈雨活动中的领导者,并且这种领导地位也得到了周围村落的认可。

2. 柳条帽

柳条帽或者柳枝的使用,在古今各地的祈雨仪式中极为常见。据《帝京景物略》记载,当时北京附近的人祈雨时,家家要在门上贴龙王神马,并在瓷瓶里插柳条,挂在门旁。[③] 山东、河北、山西等地在祈雨时也会使用柳枝。[④] 柳条之所以被用作祈雨的道具,可能是因为在人们的观念里它与水有着密切的联系。柳树多生长在水边,生命力旺盛,遇水即活,对水分自然非常敏感,因此人们希望借助它的这些特点来获得雨水。另外,人们在各种祈雨仪

① "地方性知识"即"当地人的观点"。美国阐释人类家克利福德·吉尔兹认为"文化持有者内部的眼界"是"人类学理解的本质"。(参见[美]克利福德·吉尔兹:《地方性知识》,王海龙、张家瑄译,中央编译出版社 2000 年版,第 273 页)

② 参见《费孝通民族研究文集》,民族出版社 1988 年版,第 174 页。

③ 参见(明)刘侗、于弈正:《帝京景物略》,北京古籍出版社 1980 年版,第 71 页。

④ 参见[日]直江广治:《中国民俗文化》,王建朗等译,上海古籍出版社 1991 年版,第 86～98 页;乔润令:《山西民俗与山西人》,中国城市出版社 1995 年版,第 198～205 页。

式中选择使用柳条，也可能是与柳树的象征意义有关。北朝贾思勰《齐民要术》卷五中记载："正胆，取杨柳枝著户上，百鬼不入家。"今人王孝廉也指出，在中国人的观念中，柳树是被看成"圣木"的，具有避鬼驱邪的功效。黄巢村"祈雨"仪式中，神像的头上要戴上柳条帽，所有参加祈雨的人也都要戴上柳条帽，意在聚拢天地之水气，促使龙王早降甘霖。黄巢村的村民们现在还有清明当天采新柳、制成柳圈、戴在头上的习俗，意在通过插柳、戴柳来驱邪避煞，消灾解祸。

(三)"祈雨"神圣空间的建构

祈雨仪式是为了应对严重旱情、祈禳丰收而举行的群体祭神活动的仪式。它把人们日常生活的空间从"日常"变为"非常"，整个村落都具有了某种特殊性，如"忌河"时禁止在河里洗衣服等，以避免惹怒龙王从而导致祈雨的失败。

在黄巢村举行的"祈雨"的仪式中，三官庙、龙潭、天齐庙被建构成了三位一体的神圣空间。

1. 三官庙

三官庙也被村民称为"天爷爷庙""西庙"，是祈雨仪式开始的地方。

走到村西头，就见到一棵大槐树以及树旁的三间小屋。这三间小屋就是黄巢起义时屯兵、作战的指挥部——三官庙。80多岁的村民刘克良说：

> 以前三官庙前面是一块碑，上面记载着黄巢的事，旁边还有一棵大槐树。大槐树都长空了，只剩下树皮。记得我小时候，三官庙和大槐树都还在。当时，八路军就常在这个庙里或大槐树底下开会。

中华人民共和国建立后，三官庙就被拆了。庙前的石碑也被用来砌墙，建了一座磨面房，现在磨面房的承包人就是村民刘克良的侄子刘明福。

据村民回忆，三官庙坐北朝南，占地近200平方米，分为正殿及东、西配殿。布局为单独院落，由山门入内为正院，正殿为观音殿，殿内正中供奉有观音菩萨手持净水瓶柳树枝条泥塑像一尊，正殿面阔5间，单檐硬山顶，前檐插廊，为清代建筑。东、西偏殿分别为关圣殿和魁星殿，面阔各3间，前廊是单檐硬山屋顶的砖拱窑洞，属清代重修之作。山门前有三级台阶，该村东西主河道就从山门下经过。院内西侧原有10多通碑记刻碑。在三官庙内有大

唐槐树 1 株，山门后现存 2 株残柏树，磨坊门前有重修庙宇碑文记载的残碑 3 通。

三官庙前的大槐树（史兆仁摄于 2017 年 8 月 23 日）

该小庙的西边是庙宇内和尚住的地方，村民俗称“和尚庄”。据村里年过九旬的老人讲，当年有几个僧人主持庙内事务，每年大小传统节日，香火不断，木鱼声声，香烟缭绕。如今，这座古庙除了那毁坏的遗址，孤零的唐槐和残柏之外，佛身、神像、壁画、庙门、神案、香炉、柱龙等已毫无踪迹。半个世纪以来，这座古庙先后被用作学校、仓库、磨坊等。如今，村民们在节日里或是祈福于神灵赐福保佑的时候，只好伏在庙前的地上，对着无一神一佛的磨坊凭空祈祷。[①]

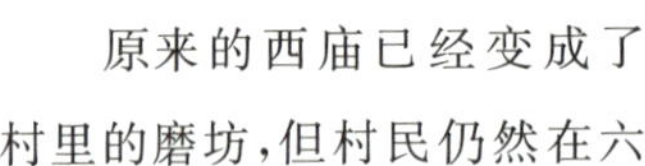

原来的西庙已经变成了村里的磨坊，但村民仍然在六月六这天到西庙的原址送钱粮。[②] 在过去，中国乡村的村庙常常有自己的财产，特别是地产，所以在灾年有财力接济穷人。现在居住在三官庙原址的 83 岁的刘洪臣老人告诉我们，这座庙最早是由官府出钱、为了教化民众而修建的。庙内保存下来 4 通被嵌入院墙的石碑，时间分别为嘉庆十三年（1808 年）、道光二十八年（1848 年）、光绪五年（1879 年）、光绪二十四年（1898 年）。从碑文的记载我们可以知道，庙内所祀的神先后有“关圣、三官、观音、魁星、土地、五圣”。标注为“大清龙飞光绪二十四年阳月”的一块石碑上有这样的记载：

---

① 参见孙广汉：《柳埠镇黄巢村三官庙简介》，2016 年 9 月 26 日，http://www.yigecun.com/cityfild/showad.aspx? id=C324DD1059D9ED6A，2017 年 9 月 4 日访问。

② 送钱粮：当地人对烧纸的说法。

三元宫一所又有关帝庙、观音堂、五圣祠、魁星庙，由来已久矣。民间有犹疑艰难之事，风雨不调之时，万民祈祷者，有求必应斯。

由此可知，三官庙曾经在相当长的时间内是村民民间信仰活动的重要场所，是满足村民们各种求吉愿望的神圣空间。

2. 龙潭

龙潭是祈雨仪式中"取水"的地方。

龙潭位于黄巢村东，为锦阳川重要的补充水源之一。在被称作"龙王崖"的山崖下，约百米长的地段上分列 3 个天然石潭，统称"三龙潭"，当地人又称其为"仙龙潭"。龙谭，有的形如铁锅，清澈见底；有的状似瓷坛，幽深莫测。1959 年，在龙潭处筑土坝蓄水，称"三龙潭水库"。1966～1967 年整改扩建后，易名为"黄巢水库"，龙潭即被湮没在水库下面。另外，邢玉墀《汇泉集》一书这样记载：

赤泉又称"龙潭"，位于柳埠镇东南黄巢村东群峰夹峙的大峡谷龙王崖下。约百米长的地段分别有 3 个石潭，清澈见底，泉流潺潺。后修筑蓄水石拦坝，赤泉淹没水库中。据考，黄巢撤离长安后，被唐军围攻追击来到此地，与唐军时溥带领的 1 万余名官兵决一死战，杀得尸横遍山，血流成河，最后因为寡不敌众，弹尽粮绝。当地村民为了纪念这位农民起义军领袖，便把村名黄草峪改为"黄巢村"，把清泉改为"赤泉"。①

龙潭，古代又称"龙湫"或"湫"。古语说："山不在高，有仙则灵，水不在深，有龙则灵。"龙是古代传说中一种有鳞有须、能行云布雨的神奇动物。但凡有深水的地方往往将潭和龙联系在一起，就叫龙潭，并且大多传说龙住在潭里，专司降雨。由于龙潭有龙，这里的水自然也就有了神性，黄巢村的人们相信只要从这里取走一点点水，回去后通过虔诚的祈祷，就能让龙王为大家带来足够的雨水。因此，龙潭自然而然成为祈雨仪式中一个重要的神圣空间，并且也是黄巢村获得祈雨仪式的领导地位的重要原因之一。

3. 天齐庙

天齐庙是祈雨仪式中"扎街"的目的地。

① 邢玉墀主编：《汇泉集》，济南出版社 2003 年版，第 156、157 页。

1984 年，柳埠镇天齐庙被列为历城县县级文物保护单位。天齐庙南北长 49 米，东西宽 23.3 米，总面积 1141.7 平方米，建筑面积 292.97 平方米，另有土地 20 亩，供道人使用。西配房墙外嵌石碑 1 通，上书："隆庆四年十月初六建立，领袖张贵、董民。"根据这一记载，该庙建于明朝隆庆四年(1570 年)，为硬山式砖木结构，筒子瓦，小灰瓦覆顶，庙宇院墙乱石结构。登上 108 级石阶后是一座山门，面阔 3 间，进深 1 间，山门左、右门旁站立哼、哈二将，威风凛凛。进山门大院，东、西各设配殿，面阔 5 间，进深 3 间，卷顶棚。12 根大红立柱支撑出厦，供奉着神态各异、栩栩如生的四大金刚、十殿群等塑像。正殿面阔 3 间，进深 2 间，4 架大梁，16 根大红立柱支撑殿堂，殿前为木雕隔扇。殿内三面墙上彩绘"小白龙告唐王""穆莲僧救母"等典型壁画。殿堂正中是黄飞虎的坐像，两旁为崇里虎和叱咤虎的站立像，供桌前各存两站班塑像。殿正中上方高悬一块金匾，整个殿堂雕梁画栋，金碧辉煌，显得十分威严圣洁。黄飞虎坐像背面是一尊倒坐观音像。整个庙宇有形态各异、造型逼真，如真人大小的造像 113 尊。正殿的东、西两侧，各有配房一间，东边为铁铸塑像一尊，名"换法神崔府君"。庙内山门东南侧一钟楼，内悬一高约 2 米、直径 1.5 米的大钟。钟楼北侧是关帝庙内供三个模样相同的塑像，大像是泥塑的，中、小像是木雕的，是专门为"祈雨"串街用的。[①] 传说东岳大帝是商朝大臣黄飞虎，因助周

柳埠镇天齐庙前的 108 级台阶
(史兆仁摄于 2017 年 8 月 23 日)

① 参见政协济南市历城区委员会、文史资料研究委员会编:《历城名胜古迹》，载《历城文史资料》第 8 辑，第 31～32 页。2017 年 8 月 22 日，笔者发现大殿正在整修，东、西厢房分别供奉碧霞元君、眼光娘娘、送子娘娘和魁星的塑像，正殿门外东、西侧分别供奉灵官爷和土地爷的画像，其他塑像没有看到。

武王伐纣有功，被姜子牙封为东岳大帝，为五岳之尊。唐玄宗封泰山山神为天齐王，宋真宗又封他为东岳大帝。自此之后，各地开始建立天齐庙、东岳庙。民间一般把天齐庙看做是供奉、祭祀泰山神，祈求降雨、丰收、去病消灾、保境平安的场所。

天齐庙的石牌坊
（史兆仁摄于 2017 年 8 月 23 日）

天齐庙山门外的钟楼
（孙芳摄于 2017 年 8 月 23 日）

天齐庙的山门（史兆仁摄于 2017 年 8 月 23 日）

站在天齐庙上眺望，柳埠镇三川四峪的风光尽收眼底，玉符河从天齐庙左侧山崖下流过，与锦云川汇合。山崖下的丰乐泉池呈长方形，中间沿南北方向铺平板石桥。泉水清澈，常流不断，沿小溪流出小院，经路旁水渠汇入锦阳川。泉西侧紧临山崖，崖壁古柏倒悬，刻有“丰乐泉”三个字。

天齐庙的山门内的“哼将”
（史兆仁摄于 2017 年 8 月 23 日）

天齐庙的山门内的“哈将”
（史兆仁摄于 2017 年 8 月 23 日）

正在整修的柳埠天齐庙东岳大殿（孙芳摄于 2017 年 8 月 23 日）

庙前约百米处曾经有一大戏台，高约3米，长宽约10米，是专为天齐庙会修的。过去，天齐庙会影响范围很广，不仅济南府、泰安城、莱芜、章丘，南到河南，北到河北的一些地区的村民及商贩都来参加庙会。每年农历的三月二十八"打教"，是庙会的前奏，扎大彩棚，道士念经，极为热闹。这期间，四峪八乡首领通过抓阄决定由哪个村组织庙会期间的唱戏活动。[①]

2006年仲夏，笔者在天齐庙山门外的乱草堆里发现了倒在角落里的一块残碑，碑上的文字自右往左书写，上面是"垂不朽"三个字，"永"及正文开头的几竖行文字已经缺失。

天齐庙院中的铁制香炉
（孙芳摄于2017年8月23日）

在天齐庙山门外远望对面的摩天岭
（孙芳摄于2017年8月23日）

在这通石碑不远处，又发现一块残碑，碑上可以辨认的内容有："仙台六里柳埠镇东首东岳天齐庙在焉，上有屏风岭，下有黄巢洞，西有摩天岭，东

① 参见政协济南市历城区委员会、文史资料研究委员会编：《历城名胜古迹》，载《历城文史资料》第8辑，第33页。

有……”查阅相关资料后得知，自明代以来，柳埠周围的地域在里社划分时，均属于“仙台六里”。根据碑文描述，这座明代修建的天齐庙一直是柳埠民间祈雨活动中人与神对话的主要场所。在祈雨仪式中，众人怀着共同的目的，采取一致的行动，聚集在天齐庙祈求上天。这样隆重的群体性祈雨活动使天齐庙显得更加庄重和神圣。

可以说从祈雨仪式开始举行的那一刻开始，参加祈雨的村民们的生活状态就已经不同于他们的生活常态。在祈雨仪式的整个过程中，村民们及其生活的空间都处在一种求吉的神圣状态。这种状态表达了人们通过仪式活动以化解所面临的巨大的群体生活危机的求吉愿望。而仪式禁忌——在仪式中努力避免出现不吉祥因素的行为要求，也是用来满足人们的求吉心理的。同时，祈雨过程中所用到的物品，如黄巢留下的大旗就被赋予了求吉功能。最后，龙潭、三官庙、天齐庙在村民们心中被建构成了三位一体的神圣空间。

四、集体记忆的解读

传说是一个社会群体对某一历史事件或历史人物的共同记忆，属于“社会叙事”，也就是“讲故事”。[①] 在黄巢村，有关黄巢的传说故事为整个村落的村民所共享，因而也就成了村落的集体记忆，叙事和记忆共同创造了村落的口述史。钟敬文先生认为，传说指这样一类故事：

> 这种故事在叙述上，主人公大都是有（这一点跟多数主人公没有姓名的民间故事有分别），而且他们往往就是历史上有名的人物；他们的活动遗迹，大多数被联系到地方上的某些自然物、人工物以及民间的社会制度风习上面，使故事成了它们来历的一种说明。[②]
>
> 传说和其他的故事以及童话一样都是虚构的，是一种想象的创作，是一种虚构性的作品。其中的一部分传说，原来可能是有那一度发生过的事的，但是，这种传说是少数，并且在传述的过程中，受到了艺术的加工，和原来的事实已经不一样了。从这个意义上说，传说并不是真实

① 参见万建中：《民间文学的再认识》，载《民俗研究》2004年第3期。
② 钟敬文：《民间文艺谈薮》，湖南人民出版社1981年版，第194页。

的历史事实,它和历史上记载的事件是有区别的。但是,从另一种意义上说,任何传说都是有一定的历史意义的,因为它的产生都是有一定的历史现实作为依据的,就是说都脱离不了历史的条件,带有一种历史性。除此之外,传说还有那些狭义的历史的形式——采取溯源的、说明的态度,并且联系到历史上的人物或是当地存在的某些事物。这就使人觉得传说就是历史了。传说绝大部分是一种根据一般社会历史所提供的素材的文艺创作,其中还有不少是幻想性很强的创作。[①]

概括地说,钟敬文先生是在特殊与一般、真实与虚构、历史与文学的辩证关系中思考传说属性的。他倾向于把传说作为文学看待,归根结底,他认为传说是虚构的、想象的作品,是一种艺术创造。但是,他同时也从历史的角度看待传说,认为传说虽然不是狭义的历史,不是直接的记事,但是具有反映特定时代的历史真实性。

在我国南北各地,有关黄巢的传说故事流传时间久,分布地域广,有明显的趋同性,而且被贴上了多种多样的"地方"标签。这说明这些传说故事具有适应不同时代和不同地域的能力。济南南部与泰安交界处有不少村落是因唐末黄巢领导的农民起义传说而得名的:黄巢村因黄巢起义军曾在此安营扎寨而更名;黄鹿泉庄因黄巢义军到此口渴难忍,忽有一泉从山脚露出,称"黄露泉",意为黄巢来后才露出。黄巢义军与唐军交战后,北行翻越山岭,扎营做饭,而此处无水,只得炒米充饥,因此留下"炒米店"的庄名;因官兵追至,黄巢下令催马加鞭,急速行军,所在村庄便名"催马庄";行军途中,因口干舌燥,黄巢下令驻军饮马,又留下"渴马庄""饮马庄""演马庄"等庄名。[②] 泰安东下港一带有地名"黄巢观",传为黄巢练兵处,制造兵器的地方叫"造箭峪",还有"八亩地"练兵处,在长清东南有"黄巢寺",益都西南有"黄巢关""黄巢洞"等遗址。这些传说故事既是关于历史人物的故事,也是关于村民生活的地方性故事,是村民们建构起来的关于地方历史的一种集体性记忆。

对于黄巢村这个多姓村落来说,黄巢成为超越宗族的村落认同的象征符号。在祈雨仪式中,这一象征符号得到了比村落范围更大的社区的承认,

① 钟敬文:《民间文艺谈薮》,第196页。
② 参见山曼主编:《山东居住民俗》,济南出版社2006年版,第34页。

成为一种“符号资本”，赋予了黄巢村在祈雨仪式中的领导地位，从而使村落获得了社区内的“象征权力”。反过来，黄巢村的村民由于得到了村落外他者的肯定，更加强化了对自己村落象征符号的记忆，形成了由不自知到自知的“文化自觉”。村民孙广汉就是一个突出代表。从历城师范毕业后，他曾在黄巢中心小学任教20多年。业余时间，他基于个人兴趣，开始有意识地搜集、整理村里流传的民间故事，并陆续在报纸上发表，后被调入柳埠镇宣传科工作（曾任副科长）。之后，他一方面自己继续搜集、写作，另一方面也积极与报社、电视台的媒体记者合作，使得黄巢村的知名度越来越高。这些活动为黄巢村在生态旅游和文化资源开发中获得经济利益奠定了社会舆论基础。黄巢村属于杂姓村，本身就不存在形成影响力强大的家族势力的条件。现在黄巢村有四个相对来讲属于大户的姓氏，分别为刘、孙、陈、卜，其中又以刘姓人口数最多，族内分有三支旁系，家族势力在村中已属强大，却也未形成绝对的影响力。在村落里，不同家族的村民之间存在着许多差异性，但是我们还是会感受到他们来自相同的地缘、共享着同质的文化，因此需要选择和建构一种象征的共同体，“通过大众媒体、印刷品、民俗复兴以及向旅游者展示等方式来表现自己的传统”[①]。在这种有意识的自我表现中，民众会突出自我定位，以便自己的传统性得到足够的注意，同时也表达出对本地文化的自豪感。对于生活在村落中的村民来说，传说不仅仅是一种娱乐休闲时传播知识的工具，而且在民间仪式的过程中不断被融入村民的地方性知识，作为村落的小传统诉说着村落的记忆。

总之，祈雨仪式对于处于缺雨焦虑中的村民来说是一种有效的心理安慰，他们相信通过虔诚祈祷和对一套完整的象征符号的“合理”运用就会获得神赐的雨水，并且在仪式过程中验证了自身与三位一体的神圣空间以及黄巢这位拥有强大能力的地方神的特殊关系，从而获得了一种集体的安全感。在祈雨仪式中，分散的个体凝聚成一个紧密团结的整体，实现了社区秩序的整合。此外，祈雨仪式也是一种村落实力的展示，人数众多的祈雨队伍，外村人的恭敬态度和依附式的参与，是黄巢村实力的最好证明，让每一个黄巢村村民都能感受到一种不同寻常的自豪感。同时，这种巡游形式的

① [美]丹·本-阿默思:《承启关系中的“承启关系”》，张举文译，载《民俗研究》2000年第1期。

表演活动也为终日辛勤劳作的农民提供了一种节日般的休闲娱乐机会。作为村落记忆的传说，既是村落的口述史，也为村落成员的自我认同提供了基础，满足了村落认同的需求。可以说，黄巢传说过去是、现在仍然是黄巢村村民文化认同的一种标志和象征。

第五章 娱乐仪式

一、村落家户的节日生活

岁时节日，是指在天时与物候周期性转换的基础上形成的具有特定风俗活动的非常时日。岁时节日的形成需要具备两大要素：一是有相对固定的节期；二是节期中有特定的民俗活动。

节期的最初选择与确立，是在历法确定的基础上完成的。早在先秦时期，我国已经制定出完备的历法纪年，并逐渐形成了一年四季、十二个月、二十四节气、七十二候、三百六十天（约）等关于时间的划分和计算。岁时节日就是因为在这样的岁月坐标上占据特定的位置而受到人们的关注，如节气（如立春、清明）、岁首岁末（春节、除夕）、每月的朔望日（如中秋节）、月日数字重复的日子（如重阳节、端午节、七夕节）等，从平常时日中被突显，为节日的产生准备了条件。

就第二个要素而言，最初节日习俗活动的产生，根本动因在于人们趋吉避凶的心理，人们总是希望能够驱避邪祟、消灾远祸，祈盼人寿年丰、岁岁平安、吉祥如意。具体而言，我国传统节日的产生，与早期的农业生产、自然崇拜、祖先崇拜等有着密切关系。

我国岁时节日是农业文明的伴生物，具有鲜明的农业文化特色。在农

耕时代，随着一年四季的变化和农作物耕种的需要，人们常常举行特定的仪式活动，以表达对农事生产的慎重、对农业丰收的渴盼或丰收后的喜悦之情。这些活动相沿成习，逐渐演变成为传统岁时节日的节俗活动。

再者，岁时节日也是人们自然崇拜的产物。在生产力不发达的上古时代，当人们无法解释大自然的奥秘，不能掌握自己命运的时候，便产生了对自然的崇拜与敬畏之情，并举行特定的祭祀仪式以表达这种心情。在特定时日举行的此类祭祀活动，同样成为节日产生的缘由。

岁时节日还与人们的祖先崇拜观念有关。许多活动岁时节日都带有祖先崇拜的痕迹，体现出节日特有的伦理色彩。在我国，传统节日的重要节俗活动中逐渐形成了专门以祭祀祖先为主题的三个节日——清明节、中元节和寒衣节，以表达对祖先的感怀之情。所有这些因素都融合凝聚于节日体系中，使我国的传统节日具有了丰富的文化内涵与深厚的历史感。

黄巢村的节日和中国北方其他山村相比，节日名称和数量差别不大，但是节日的过法却具有鲜明的地方特色。

《历城县乡土调查录》这样记载当时的节日生活：

一、元旦

岁时仍重阴历孟春月元日，昧爽设香烛、牲醴，祀神祇、祖先，家人称寿。及旦，戚里相贺，互宴亲友。

二、上元节

孟春月十五日谓之上元节，亦曰元宵节。晚间通衢大张灯火，燃放鞭炮、花筒，而各种灯彩亦锣鼓喧天游行街市。自十三日起，至十七日止，农民以此五日内有风无风占丰歉，盖有风则歉，无风则丰也。

三、春龙节

仲春月二日，打灰囤，预祝丰收，故农民以此日为“龙抬头日”，可以风调雨顺也。

四、清明节

季春月清明节前后，游人遍于野，名曰“踏青”，好事者更制为多数风筝，放于空中。清明节前一日为寒食佳节，居民于各门前插柳枝，手执牲醴赴祖茔行扫墓礼，并覆墓以土。清明节，民国四年定为植树节，为提倡林业之观感。

五、佛浴日

孟夏月八日为佛浴日，东岳庙及北极庙僧作善会，打醮诵经，邀请善男信女出资随喜。

六、端阳节

仲夏月五日，书门符，悬艾虎，系彩丝，馈送角黍，家中聚饮雄黄酒以避五毒。十三日，全县村民祭关侯，是日往往阴雨，故又称是日为"关公磨刀日"云。

七、七夕日

孟秋月七夕。设瓜果乞巧。

八、中元节

孟秋月十五日。祀祖，扫墓。僧作醮，超度孤魂。

九、(盂)[盂]兰会

孟秋月三十日。各庙邀请善男信女集资扎纸花船、打醮。晚间大明湖、护城河各处施放河灯，以度孤魂。

十、仲秋节

仲秋月十五日夜，设月饼、瓜果于院中以祭月，并集家人于月下肴醲饮以赏月。

十一、重阳节

季秋月九日。作菊糕，登千佛山，邀友聚饮。

十二、小阳节

孟冬月一日。拜墓，送寒衣。

十三、腊八日

季冬八日。食腊粥，好施者济贫。

十四、祭灶日

季冬月二十三日晚，设糖、果、饼、汤以祀灶。

十五、除夕日

除日易门神、桃符、春贴，遍地洒芝麻秸，陈设供果迎祖先。是夕辞岁，燃爆竹，家人设酒守岁。①

① 孙宝生编，济南市历城区政协文史资料委员会点校：《历城县乡土调查录》，第31～32页。

随着时代的发展和社会的变迁，这些节日生活的习俗在黄巢村有了新的面貌。

(一)欢庆的节日——春节

春节作为中国的传统节日，在黄巢村众多节日中的地位也是最高的。春节期间(指从腊月到正月十五这段时间)的节日密度也是最高的。

1.腊月。在物质比较匮乏的时代，一进腊月，村民就开始烙煎饼、压米面，为过年储备粮食。村中比较富裕的人家还会“赊糕”给吃不起饭的穷人。每年的农历腊月二十三，是小年，也是祭灶的日子。灶王爷在村民心目中的地位还是很重要的。无论穷的、富的，经商的、做官的，过年了，都要把灶王爷“请”到家里，也就是要买一张印有灶王爷像的年画贴在炉灶旁，两边还给灶王爷配上对联“上天言好事，下界保平安”，横批是“一家之主”。过去为了向别人表明自己实在没钱，就说“我连请灶王爷的钱都没有了”。但是，灶王爷蜷居在锅灶旁，烟熏火燎的工作环境本就不好，即使到了小年这一天，面前的土台上的供品也十分寒碜——一种黏窝窝。黏窝窝是村民用一种红秆、红叶、红穗、红粒的谷子——黍谷磨出来的面蒸的。富裕一点儿的家庭会在里面掺上大枣，老百姓给它取名叫“黏窝窝”，又甜又黏。进入腊月，家家户户就操持着碾米磨面了。如今灶王爷也可以在除夕夜吃上第一碗水饺，品尝到人们供奉的酒菜、香和纸钱，接受人们的祭拜。大年三十，经过全面的大扫除以后，人们又在灶旁贴上新“请”来的灶王爷年画，请他开始新一年的工作。[①]

2.大年三十。这是春节期间第一个比较重要的节日。村民在年三十的上午准备年夜饭必需的食品，俗称“炒盘子”。而后开始贴对联。到下午5点左右，家家户户有一个重要的“请家堂”仪式，其具体的程序是：由家人带着烧纸、簸箕、祖宗牌位到大路边，在路边烧纸磕头后，对着牌位喊：“家来过年啦！”用簸箕将祖宗牌位端回家，意为将已故的亲人都请回家过年。回到家后，将家堂轴子挂至正屋，将牌位置于堂屋桌上或者摆在院子中特设的香台上，并要摆上祭品，祭品要凑满五盘菜，包括鸡、鸭、鱼、肉、豆腐等。此外，还

① 参见孙广汉：《灶王爷与黏窝窝》，2017年1月2日，http://www.yigecun.com/cityfild/showad.aspx?id=1552064589BDC60A，2017年9月4日访问。

要焚香祭拜，焚香的香炉有五炉香、六炉香、十炉香，村民们解释说这些数字都很吉利。供奉牌位的桌子两边的椅子从这一夜开始一直到年初三下午，是不能坐人的，因为那是留给祖宗坐的，直到初三将祖宗牌位送走之后，才可以坐人。在调查中发现，以前还普遍有供奉家谱的习俗，但经历了"文化大革命"破"四旧"之后，传统的习俗就保留得很少了，家谱也没剩几本了，这个习俗也就基本消失了。

3. 大年初一。这一天有"起五更，发钱粮"的习俗，即要在早晨5点左右起床，然后在香台前焚香、烧纸、拜祭，以祈求祖先的庇佑。年轻人到八九点钟开始挨家挨户拜年。传统的做法是：年轻人拜年要先磕头，磕头的前两下不能出声，是给供奉的祖先磕的；后面磕的头才是给长辈磕的，要出声。现在拜年已经不讲究磕头了，拜年更多的是看望老人，拉家常、叙情意。

4. 大年初二。这一天请未过门的媳妇去男方家过年。已婚夫妇都要去给女方父母拜年。这一天，姑爷是贵客，女方父母不仅把家中的上座（桌子右边的椅子）让给他坐，而且还要用丰盛的饭菜招待他。

5. 大年初三。这一天送家堂，将请到家中的祖宗牌位送走，桌上的牌位、香台、供品等可以取走，桌子两边的椅子也可以坐人了。

6. 大年初五。是日又称"五末日""破五"，意思是年已经快过完了。这一天要吃饺子。

7. 正月十五。这是春节期间的另一个大节，又叫"元宵节""花灯节"。在这一天，村里有大型的观灯、扭秧歌、舞龙等活动。这一天也是团圆的日子，要包饺子吃。比较富足的家庭会按城里风俗，买元宵吃。这一天还宣告了春节的结束，家家户户要将年三十挂上的灯笼取下，叫作"收灯"。

（二）祭祀的节日——清明节、三月三、十月一

清明节、三月三（又称"寒食节"）、十月一这三个节日都是扫墓、上坟、祭祖的日子。清明节与三月三基本同义，区别在于：清明节，除了祭祖之外，还要到村东的烈士陵园祭扫先烈；三月三，只是祭拜家中故去的亲人，并且有3天的时间让各家在外的子女回家来上坟。十月一，又称"鬼节"，有10天的时间给家人任选一天上坟，在冬天来临之前为故去的亲人送去"御寒衣物"（送寒衣）。这三个节日都要在祖先坟前摆放祭品，焚纸烧香。而在家中则没有

特殊的规定，照常起居生活。村民大多比较重视十月一这个节日，嫁出去的女儿必须在这一天回来扫墓。

(三)祛病求吉的节日——端午节

村中传统的过节方式是煮鸡蛋、插艾蒿，意为驱除病魔。近年来，逐渐传入吃粽子的习俗，但并不普及。据说，插艾蒿这一习俗也是为纪念黄巢起义军而流传下来的。前文已有详细描述，兹不赘述。

(四)团圆的节日——中秋节

村民比较重视中秋节，外地的家人大多要在这一天赶回来团圆过节，有的家庭还要摆香台，给故去的亲人烧纸，将做好的食物在香台上供奉一下才可以吃。这一天的传统食品是饺子，近年来也开始买月饼吃。

已经订婚的小伙子要在大年初二、六月六、八月十五这几天到女方家去送礼。大年初二，订了婚的小伙会带着礼物到未婚妻家住两天。农历六月六这天，订了婚的小伙可以把未婚妻叫到自己家住两天，男方要给女方一二百元钱，这就是所说的“叫六月”。八月十五，结了婚的闺女要和丈夫、孩子一起带着礼物回娘家看老人。订了婚的小伙要带着月饼、酒、点心、水果等礼物去看未婚妻的父母。没结婚的要多送礼物，结了婚的可以少送，这叫“送十五”。这样一年下来，花销有千把块钱。有的人家为了减少花费，就要想办法尽早把媳妇娶进门。

节日的名称、内容以及过节的方式都不重要，重要的在于它是个“节日”，而不是一个普通的日子，让人在日复一日的紧张操劳中得到一段空闲，惯常的生活方式在这一天会有一些细微的改善，让人对以后的日子更加抱有希望。从前过年过节时吃点好的、穿点好的，就是希望这样的日子越多越好。而如今，吃饭穿衣已不成问题以后，人们过节就图个团圆，也正是希望过节以后的日子能天天快乐和舒畅。节日就像一道门槛，人们迈过这个槛，生活会更有滋味、更有奔头。

二、群体性节日娱乐活动

中国民间仪式与村落空间的关系早已经为人类学者所关注。例如，施坚雅认为民间仪式和信仰与区域形成和发展的历史息息相关，民间仪式反映了一定的区域差序、社会空间制度，也塑造、支撑了一定的社会空间制度。1992年春节，黄巢村第一次开展了群体性的节日娱乐活动。这一活动持续了半个月，影响范围扩大到了周围数十个村庄，这就是黄巢村的龙灯会。村民告诉笔者，龙灯会是中国的传统节日，以前是人们为了求雨以获得丰收而举行的一场活动，现在成为黄巢村人一项喜闻乐见的群体性娱乐活动。

（一）黄巢村的龙灯会

1959 年 2 月，济南市鲁新豫剧团下放到历城，更名为“历城豫剧团”，从此历城有了自己的专业剧团。历城豫剧团在政府的扶持帮助下，推行民主改革，艺术上不断创新，积累了《朝阳沟》《红色娘子军》等 20 多个剧目，每年演出 300 余场。1964 年被评为“济南市十面红旗”之一。豫剧从此在历城生根发芽，仲宫镇二仙村、柳埠镇黄巢村、彩石镇玉龙村的农村剧团都曾派人到剧团学习。[①]

黄巢村由于距市区较远，出行不便，村民很少到市里或镇里赶热闹，节日的娱乐活动主要靠村里自主组织开展。20 世纪 70 年代中期，黄巢大队成立了毛泽东思想宣传队，正月里会排演《红灯记》《智取威虎山》等剧目，村委大院里的戏台就是专门为此修建的。据村干部和村民说，这个大院目前是柳埠镇建有戏台的最大的村委大院，戏台中间下部的“忠”字图案是已经逝去的特殊年代所留下的印记。“文化大革命”后，每到正月里，戏台上的表演以村民自排自演小吕剧为主，剧目有《喝面叶》《龙凤面》《小姑贤》《墙头记》等，演出活动一般从大年初二持续到正月十二。

2017 年 8 月 23 日，在孙广汉家笔者见到了黄巢村第一书记——历城区工商局胡家峰。他在村里已经待了半年多，与见到的每一位村民都热情地

---

① 参见关涛：《桃红柳绿十七春——回顾“文化大革命”前文化活动》（电子版），岳淑茗提供。

打招呼,“婶子”“大娘”地喊着,关系处得极为融洽。村委大院里的两座二层高的新楼就是由历城区工商局帮助建起来的,大戏台也同时进行了整修。新楼墙上石碑的说明文字如下:

公元 811 年以前,黄巢村名为“黄草谷”,为纪念黄巢曾率军驻扎此地而改名为“黄巢村”。该大院内有清末民初风格的建筑物和“文化大革命”时期的大戏台,五十年代曾是原黄巢乡政府所在地,“文化大革命”时期曾是知青下乡的居住地,现为两委办公及村民文化休闲场所。

由于院内房屋及场地年久失修,议事、集会、休闲功能已丧失殆尽。为贯彻落实党中央建设“美丽乡村”工作部署,2016 年 9 月由扶贫单位历城区市场监督管理局(原历城区工商局)发起筹资新建 506 平方米办公楼、幸福院,并修缮大戏台。

援建单位:

中共历城区委组织部　历城区民政局　历城区慈善总会　历城区市场监督管理局(原历城区工商局)　历城区个私协会　山东鹊华实业集团　山东漱玉平民药业有限公司　济南鸿腾实业有限公司　济南新三塑业有限公司　山东蓝伞国际科技开发有限公司　济南兆龙科技发展有限公司　济南市水产发展与经营协会

黄巢村党支部　村委会

施工单位:济南市历城区建筑总公司

竣工时间:2016 年 12 月

村委大院里的一座新楼(孙芳摄于 2017 年 8 月 23 日)

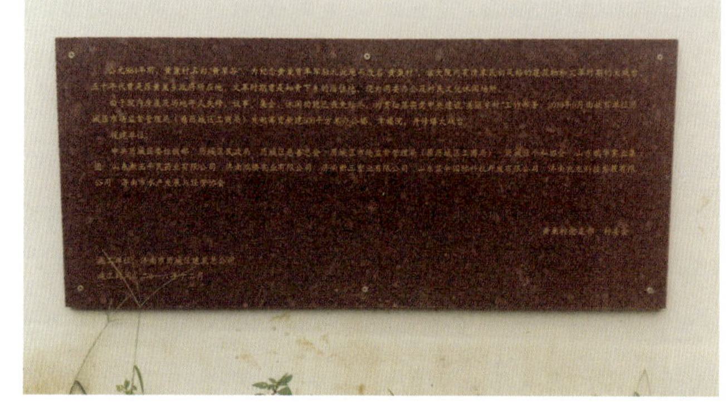

村委大院里一座新楼墙上的石碑(孙芳摄于 2017 年 8 月 23 日)

黄巢村村委大院的大门
(曲洪祎摄于 2006 年 12 月 24 日)

黄巢村村委大院里的老戏台
(曲洪祎摄于 2006 年 12 月 24 日)

1992 年,复员回村当上村主任的刘明海,把村里的年轻人组织起来,努力营造一种文明的生活氛围,活跃农村文化生活,革除喝酒、赌博、闹事的陋习。他在电视上看到过其他地方舞龙灯的情况,觉得这种形式很好,而且黄巢村也曾有组织集体娱乐活动的传统,想必组织起来也不太难。刘明海先在村小组长会上提出这个想法,得到了一致同意。春节期间,大家本来就比较闲,也愿意参加像舞龙灯这样的群众性娱乐活动。第一年举行活动用的八仙灯都是自己绘制的,但是感觉场面太小,参加的人还是不够多。于是,几个积极分子就连夜凑钱,买了两条龙,这样场面就大了,参加的人达到 200 多人,有耍龙灯的,也有照八仙灯的,还有敲打锣鼓家什的,等等。这一年,村里的年轻人几乎都被吸引到舞龙灯的活动中去了,喝酒、赌博、打架、闹事的人明显少了,关键是大家在舞龙灯的过程中既得到了快乐,又锻炼了身体。

为了扩大舞龙灯的影响，村里组织人员根据记忆、想象和理解，对舞龙灯的程序和仪式进行了规范，仿制了“黄巢”大旗，并增加了其他文艺演出的内容，定名为“龙灯会”。

舞龙灯具体分为“取水、扎街、点龙头、送水”等步骤：

1. 取水。看好日子(一般是从正月初二、初四、初六中选一个)后组织队伍扛着两面大旗，敲锣打鼓去龙潭边取水。取水队伍先在大坝下面、离水面不远的一小块平地上停下，锣鼓声自动停止，放鞭炮、摆供、上香，发钱粮，然后用铁锨、木棍或石块等破开冰面，把塑料桶(容量大约10升)没入冰窟窿里，待水满后提出水面。锣鼓声重新响起，队伍走上大坝，在坝顶走一个来回后沿原路折返。村民认为“有了水，龙才能活”，所以要去龙潭取水。

2. 扎街。取回水后还要再看一个好日子(初六、初八或初十都行，但必须是双日子)，天黑以后组织队伍敲锣打鼓，把村里的大路、小路都走遍，挨家挨户串，转到哪户，哪户家里就烧纸放鞭炮。村民认为，经过队伍这样一走，大街小巷就“干净”了，来年日子就能太平了，大人、小孩就不会得病了。

取水后的队伍准备“扎街”(董卫华摄于2006年2月3日)

3. 点龙头。队伍要挨家挨户去拜年，主家会放鞭炮，准备供品，上香，发钱粮，主家在家长的带领下跪下给龙磕头以示谢意，以图吉祥如意、事事平安，“龙头”也会对着主家供奉的饭菜点几下头，表示已经享用过了，主家通

常会塞给舞龙的人一些钱或烟酒等物，一般是5～10元，也可送物品。为了讨个好兆头，在“龙头”过桥过河时都要烧纸放鞭炮。村民们说，只要家里请“龙头”点过，就能保家里人一年平安。在“取水”回来的路上，队伍也常常会被请去“点龙头”。

4. 送水。正月十七，村民们再把取来的水送回龙潭。[①] 送水时，路线和取水一样，仍然要敲锣打鼓，组织好队伍。来到龙潭边，锣鼓声停下，放鞭炮、摆供、上香、发钱粮，让龙头朝龙潭方向点几下头、拜水，然后把桶里的水倒回龙潭。队伍敲锣打鼓，回到村里，把大旗、锣鼓家什（鼓、锣、唢呐、二胡等）和龙灯会的道具（四条龙、狮子、旱驴、旱船、腰鼓、秧歌队的绸布、高跷等）分类放置，放入村支部大院戏台后的小屋里存放，由村委人员负责看管。

舞龙灯女队队员合影（刘克洪供图）

每年的龙灯会从正月初六取水开始，一直持续到正月十七。每天8:00～11:00、14:00～17:00为玩龙灯的时间，20:00～22:00放烟火。正月十五是龙灯会的高潮，这一天下午，组织起队伍后要先照街[②]，再回村委大院里放鞭炮、点礼花、耍龙灯。现在的龙灯会，已经发展到4条龙。一条龙身需要11个人，再加上1人耍龙珠，总共12人一起舞。龙头需要挑选身强力壮、品行好、长相好的村民来举。另外有两狮做伴，每只“狮子”需要两个人才能舞

① 村民还有一种说法是将从龙潭取的水送到村里的各个泉中，比如西庙前的西泉。

② 照街：在村内道路上巡游一遍。

动起来，1 人要绣球，共 5 人。还有人数众多的秧歌队，规模也不小，其中有跑旱船的、踩高跷的，还有扮八仙、唐僧师徒、娃娃头之类的。这些道具是去济南市里买的。八仙是从八仙灯演变过来的，本来是 8 盏灯，每盏灯上都画着八仙中一个人物的像，由 8 个人一人提着 1 盏跟着队伍走一走，后来改为由 8 个人演八仙了。因为人数最多，体积最大，几条“龙”是龙灯会无可争议的主角。只见“龙头”带动“龙身”舞，几条“龙”时上时下，忽左忽右。夜晚时，灯光会从“龙皮”中透射出来，高低起伏，上下翻滚，就像蛟龙出海，景象颇为壮观。

现在龙灯会上的“龙”是由村民自己制作的，因为买一条“龙”需要 1000 多元钱，村民们觉得价格太贵，认为还是自己制作更合适。村民胡廷福大爷，家里本来是编竹篮的。村委会找到他，想要让他制作一条“龙”，做完后村里给他一些补贴。胡大爷从来没有制作过“龙”，就自己边干边摸索，真的把“龙”给做出来了，不但给村里省了一大笔钱，而且自己也有了额外的收入。据胡大爷介绍，制造一条龙分三步：扎龙，糊龙，上彩。“扎龙”用的是竹条，一条“龙”分为“龙头”“龙身”两部分，连“龙头”和“龙尾”总共 11 节，“龙身”中间用一根绳子连着。“糊龙”所用的材料是白布和糨糊，用白条布将“龙身”包裹后，再用糨糊将其粘牢固，晾干后就可以上彩了！“上彩”这个步骤是由孙广汉大爷负责的，他有一身的手艺，能写会画。第一次共制作了一红、一黄两条龙，也就是龙的鳞片分为红、黄两种。龙角和牙为白色的，舌和须是红色的。眼睛是两片泡沫塑料，中间掏空，然后放上两个红灯泡（手电筒去掉灯泡外面的部分）。“龙身”每一节安一个灯泡，这样在晚上舞动起来，从远处看就像真龙一样。本来村里只有胡大爷会制作龙，后来刘克汉大爷给他当副手。刘大爷边看边学，慢慢地掌握了制作方法，胡大爷也乐意把技艺传授给刘大爷。

后来舞龙队规模扩大，镇政府也拨款予以支持，而且外出演出时也有一些收入。这些资金都被投入到龙灯会的花销中去，经费支出都有专门的记录，由专人负责。

此后，黄巢村的龙灯会每年举行一次。村民们认为龙灯会象征着“吉祥如意、事事平安”等好兆头，因此也乐于参加这项活动。黄巢村每年参加龙灯会演出的人数多达 200 人，规模较大，还曾应邀外出演出或参加比赛。

2002年在历城区龙灯汇演中获得优秀表演奖。此外，当各级领导来村里参观指导时，村里也常常组织耍龙灯以示欢迎。除了耍龙灯，近年来还增加了一些村民自编、自导、自演的节目。龙灯会是村里的纯娱乐活动，村民参加均不计报酬，但在龙灯会结束后，他们也会分配到一些龙灯会举办过程中所获得的物品。

黄巢村2005年元宵节14:30～16:30进行的龙灯会表演被刻制成光盘《黄巢村二〇〇五年元宵节龙灯文艺演出》，最后的字幕信息显示，这场龙灯文艺演出的总指挥是侯庆明（时任村支书）、刘明海（时任村主任），导演是陈玉兰（村妇女主任）、孙广汉、杜延东（时任村会计，现任代理村支书）、刘洪福，摄像是张兴银。光盘总时长约114分钟，先是在黄巢村村委大院里的舞龙灯等扮玩表演，之后是村民在村委大院里的大戏台上表演的12个自编自演的文艺节目，镇领导也出席并讲话。

锣鼓声一起，村委大院就热闹起来。院子里，房顶上，甚至树上都是人，大家都在全神贯注地观看表演。只见一黄一红两条“龙”由两队人舞动，穿黄衣的男队和穿红衣的女队各有10人上场，两队的“龙头”另外各有1人准备替换，1人负责舞龙珠；两只“红狮子”，每只需要2人参与表演，1人负责舞绣球；脚踩秧歌步、腰系绸子、双手舞动的女子秧歌队有20人；舞动双扇的小学生有16人；头戴大头娃娃的小孩有16人；头戴八仙大头的有8人；装扮唐僧师徒的有4人；“白蛇”表演者1人；手举鱼灯的有2人；旱船两组，每组由一个姑娘“划船”、一个老翁“撑桨”，共有4人。另外还有伴奏队，其中，拉二胡的2人，弹风琴的1人，敲鼓的2人，吹唢呐的2人，敲竹板的1人。毫无疑问，舞龙、舞狮是最引人瞩目的。舞龙的队伍既有边走边左右“扭动龙身”的简单动作，也有“龙头”带动全身逐节穿过“龙身”的队形变换，还有在长条板凳和长条桌上的闪转腾挪。舞狮的也是又扭又跳，也有惊险的跳桌、跳凳表演。因为披着“狮衣”，不利于观察，所以出现动作失误时，观众也会报以善意的轻呼和笑声。舞绣球的人表演了几个干净利落的侧手翻，立刻会赢得阵阵掌声！中间短暂休息时，村领导、镇领导分别讲话，还有人现场捐款。

秧歌队队员合影(刘克洪供图)

在村委大院大戏台上进行的文艺演出共有以下 12 个节目：

1. 秧歌舞。女子秧歌队员脚踩秧歌步、腰系红绸子，她们双手舞动红绸，同时变换队形，两侧还有小学生舞双扇来配舞。

2. 数来宝。四个大姐唱村里的新鲜事：

黄巢的姑娘模样俏，
个个爱说数来宝。
数来宝，数来宝，
把黄巢的开发表一表。
黄巢风貌就是好，
山清水秀就是好。

黄巢风貌就是好，
四乡八地是块宝。
古老文化真悠久，
文物古迹都是宝。
齐鲁长城，旗杆窝，
黄巢记忆文化多。
黄巢的故事代代传，
黄巢村民真自豪！

黄巢风貌就是好，
多亏党的好领导。
黄巢水库解忧难，
三农生产齐争先。
整修大湾庄稼好，
黄巢的人民多勤劳。
齐心协力把河安，
无私奉献风格高。

黄巢风貌就是好，
新一届领导真是好。
为了农民奔波多，
齐心协力关系好。
马不停蹄找领导，
为了开发真勤劳。
全体一心奔小康，
真是咱的好领导！

黄巢的开发很重要，
为民铺下幸福道。
改造生活环境好，
为民搭制富裕桥。
修公路，搞旅游，
……①
感谢党的好领导，
美好的日子要来到。

① 节目的唱词都是根据光盘整理而成，因当时使用的扩音设备声音清晰度有限，加上表演时有时要远离话筒做动作，这一句唱词听不清楚。

黄巢的姑娘模样俏，
个个爱说数来宝。
数来宝，数来宝，
夸夸咱们的好领导。
改革奉献风格高，
过好日子再来唱！

3. 学生演唱《凤阳花鼓》。

4. 两位大嫂谈开发。两位大嫂边走秧歌步，边唱黄巢村生态旅游大开发的新气象。

5. 小品《懒汉》。村主任告诉张懒汉村里要搞生态观光旅游开发，如果因为他的两间破屋不扒，挡了河道，影响了旅游开发，他就是罪人。张懒汉喝了一口瓶中的白酒，说："在这两间老屋里俺爷爷生了俺爹，俺爹生了俺。俺就是'醉人'。搞旅游开发，有么好处？俺40多岁了，还是个老光棍，上级也不给俺说个媳妇，急得俺没（音'木'）法。俺就做个征婚广告吧。"

家穷人丑，一米五九；
小学文化，农村户口；
破屋三间，薄田一亩；
冷锅热灶，老婆没有；
一年四季，药不离口；
今日上午，广征女友；
革命到底，并肩齐走。

他还说了《土老帽进城》：

头戴毡帽，
腰系麻绳；
喝瓶子汽水，
知不道几瓶；
看场电影，
知不道内容；
看场球赛，
知不道输赢。

转悠转悠，

看见火车，

我以为是长虫。

6. 表演唱。一个小学男生穿着七品芝麻官的官服，戴着一副墨镜，唱了一首歌。

7. 小品《小碰头》。反映打鬼子的内容，一共有4个人物：八路军战士、日本军官、翻译官、伪军。

8. 响板唱《数来宝》。两位大嫂边打着手里的竹板，边进行表演唱：

A：打竹板，响连天，我们二人来宣传。

B：别的节目演不好，咱俩说段数来宝。

A和B(下简写为“和”)：数来宝，数来宝，咱把黄巢开发的事情表一表。

A：黄巢开发我知道，为民铺下幸福道。

B：生态旅游大开发，我们村民干劲大。

和：生态旅游大开发，我们村民干劲大。

A：青山绿水黄巢村，景色宜人气象新。

B：鸟语花香人勤劳，誓叫山河换新貌。

和：鸟语花香人勤劳，誓叫山河换新貌。

A：现如今黄巢水库风景美，山清水秀吸引人。

B：干净的泉水处处有，干鲜果品质量优。

和：干净的泉水处处有，干鲜果品质量优。

A：旗杆窝，三官庙，文物古迹展新貌。

B：河道两岸旅游路，农家乐里有玩头。

和：河道两岸旅游路，农家乐里有玩头。

A：资源优势转化好，感谢党的好领导。

B：为了村民都致富，小康路上迈大步。

和：为了村民都致富，小康路上迈大步。

A:新选的村委能力强,黄巢开发向前闯。

B:干群一心开发好,无私奉献风格高。

和:干群一心开发好,无私奉献风格高。

A:不图利,不图名,党员干部带头冲。

B:共青团,小学生,献计献策当先锋。

和:共青团,小学生,献计献策当先锋!

9. 小品《打针》。

10. 童声齐唱《七子之歌》。

11. 演唱《老两口学经验》。

12. 小品《禁赌》。主要情节是一个芝麻官带着两名随从从古代穿越到现代抓两个赌博之人。

这台 2005 年的黄巢村“春晚”是村民们利用冬闲时间排练的成果。孙广汉的老伴支传香老人告诉笔者:

一到年根就有人给他(指她老伴)打电话,有时会在村委大院里的大队部办公室里排练到夜里 11 点,屋里连个炉子也没有,手都伸不出来,拉二胡的手都冻僵了,但是没有一个退出来。别人家年根都能洗洗刷刷,俺家就不行,他画的八仙灯放满了院子和屋里的空地,根本插不下脚,没法洗。家里还有俩孩子,饿得吱吱叫,连包子(指水饺)也包不上。就这,他还领着人进门,上嘴唇碰下嘴唇就俩字“炒菜”。

这场特殊的“春晚”有两个关键词,即“新一届村领导”和“旅游大开发”。

黄巢旅游大开发——外商独资建设希尔曼黄巢生态农业开发项目的相关信息归纳如下:

“希尔曼(济南)生态城”建设借助黄巢村良好的自然生态环境,通过对农田进行综合治理以及引进高科技新品种、改变原有农产品结构,通过提高农民市场经济意识和农民创收能力,通过改变农民生活环境和生活习惯,通过“公司+农户”合作经营模式,建设一个和谐“绿色”富裕的社会主义新农村。生态城产业内容有:(1)高科技农业种植;(2)农田林网建设;(3)经济林业种植;(4)药材、冻干加工;(5)农业科技研究实验基地;(6)生态旅游、观光生态园。园区以黄巢村为中心,依据现状进行合理利用、合理规划,在现有植被的基础上对“四荒”土地、坡地进行

综合治理，补栽珍稀树木、优化树种；建设农田林网、林带、绿色长廊、功能型花园环岛；利用耐寒高产牧草，实行全面绿地覆盖；在河套等水源涵养地带根据园林设计实施南竹北移，取中国南北园林艺术风格之长，对整个园区进行园林化设计，包括建造溪流拱桥、亭廊水榭、微缩景观、田野小径，给人们展示出一幅纯朴、宁静、和谐的画中美景，融合周边秀美的自然环境和旅游景观，全面实现农田园林化建设的目标。规划总用地面积约13.8平方公里，配套工程有观光园接待中心、黄巢文化广场（以历史人物黄巢为主题的大型休闲广场，集中向游人展示黄巢历史和当地民风民俗）、三观（官）庙宇、疗养康复中心、黄巢展馆、农副产品展馆、美国乡村度假村、人工湖等项目，构建以生态农业为主体，能结合地域文化、休闲娱乐需要的复合型农业旅游产品。[①]

今天的黄巢村与这个项目简介中所描绘的黄巢村还相去甚远，但不能不说项目里描绘的是一个美好的愿景。遗憾的是，旅游大开发的项目并没有落实到位，这让当初满怀希望的村民感到极度失望。

黄巢村村委大院门口的《南部山区柳埠黄巢村城乡环卫一体化网格化管理公示栏》
（孙芳摄于2017年8月23日）

① 希尔曼：《（济南）生态城建设简介》，http://www.manshen.com/international.html，2017年7月20日访问。

黄巢村村口摆放整齐的垃圾箱(孙芳摄于 2017 年 8 月 26 日)

以前,村里的垃圾随处倒,河道里到处都是垃圾,想清理却连人都找不着,只能点火烧,以至于臭味熏人。如今,村里正在忙活环卫城乡一体化,开始设置垃圾箱,有垃圾运输专用车按时收走垃圾,村民们的生活环境与以前相比有很大改善。

(二)舞龙灯与祈雨仪式

舞龙灯与 40 多年前的祈雨仪式有无法割舍的联系。舞龙灯“取水”的地点、路线、方法都与当年祈雨的仪式并无二致。至于“扎街”,虽然不去柳埠镇天齐庙了,只是一大群人穿着鲜艳的传统服装,扛着两面大旗,舞着巨龙,在村里的大路小路敲锣打鼓地走一遍,但是这种形式仍然类似于“扎街”时的巡游。为了适应时代发展的要求,活动的形式虽然已经改变,但事实上仍是在运用相同的地方性知识,只不过对它进行了重组和包装。通过深入分析龙灯会与祈雨之间的联系,我们可以更清楚地理解这一点。敲敲打打的锣鼓声和浩浩荡荡的队伍构成了两种仪式的外在标志,“黄巢”大旗是二者共同的信物,位于村东的龙潭是两种仪式共同的空间,而风调雨顺的祈福则是两种仪式共有的目的。除了取水、扎街等仪式程序上的重合外,二者显而易见的另一个共同之处就是:它们都是群体性的活动,人数最多时达到了 200 人左右。

在这种集体的、仪式化的活动中,个体所能感受到的是精神的兴奋与共

鸣，正如涂尔干所概括的"表现仪式与集体娱乐如此密切，以至于人们在从仪式过渡到娱乐的过程中，并没有产生丝毫隔膜之感"[①]。这种被涂尔干表述为"集体欢腾"的仪式是集体认同和愉悦的来源，同时也在强化集体记忆和集体认同，具有文化传承的作用。发生在半个世纪前的祈雨仪式，之所以能成为栩栩如生的集体记忆，也离不开具有同样性质的"集体欢腾"的愉悦心情的强化作用。取水、扎街等仪式程序保留下来的不仅仅是简单的行为方式，因为对这些程序的合理性能进行解释的恰恰是当地的地方性知识——黄巢的传说故事。虽然祈雨祭祀色彩浓重，龙灯会娱乐作用显著，但是从本质上来说，二者都是黄巢村人对他们所拥有的黄巢传说故事的又一次驾轻就熟的经营和运用，帮助黄巢村成功获得了仪式活动的领导地位，村子和参与者也由此获得了直接和间接的利益。1992 年以后，龙灯会年年组织，曾参加过三次柳埠镇政府举办的文艺汇演并得了奖，获得了数额不等的奖金。近年黄巢龙灯会也已经成为历城区农村文化活动的重要品牌。

（三）黄巢村人"龙"的观念

龙是中国古代传说中一种有鳞有须、能行云布雨的神奇动物。潭，一般是深水坑。民间往往将潭和龙联系在一起，大凡有深水的地方的命名往往和龙、潭有关。

1. 二月二，龙抬头

和大多数华北村落一样，黄巢村也有"二月二，龙抬头"的说法，意思是到了这一天，管雨水的龙王经过一个冬天的蛰伏后就要苏醒了，会抬抬头，也预示着雨水就要来了。在这一天要吃一种称为"蝎子爪"的食品，做法是在二月二的前一天将黄豆在盐水中泡好，第二天用盐和油炒好即可。据村民说，吃了"蝎子爪"，再下地干农活就不会被蝎子蜇。

2. 五月十三，关公磨刀水

五月十三是在调查中发现的比较有当地特色的节日，村中有"大旱小旱不过五月十三"的说法，意思是五月十三之前雨水较少，过了这天后雨水就会渐渐多了。这一天几乎家家户户都要买酒割肉，以示庆贺。人们说，这一

---

① [法]爱弥尔·涂尔干：《宗教生活的基本形式》，渠东、汲喆译，上海人民出版社 1999 年版，第 500 页。

天是关老爷磨刀的日子，肯定是要下雨的，下得越大越好，预示当年的光景必将“风调雨顺，国泰民安”。要是到了第二日还不下雨，则属不吉之兆，预示当年可能有自然灾害。传说，各地关帝庙前的香火都很旺盛，南海恶龙看到后很嫉妒。有一年正值庄稼扬花吐穗之时，恶龙张开血盆大口，吸干江河溪流之水，庄稼随之干旱枯萎。眼看庄稼将颗粒无收，农民们心情焦急，纷纷到各处关帝庙祈祷降雨，哭号之声连天贯耳。当关公办完事返回时，看到下界旱情严重，非常生气。第二天早朝，他启奏玉皇大帝，请旨擒服恶龙，为民除害。玉皇准奏，并赐“先斩后奏”的令牌。关公立刻派周仓、关平二将率领天兵，定于农历的五月十三日吉时在南天门外磨一磨青龙偃月大刀再出征。磨刀水洒落人间，就成了小雨。而后，天兵在南海与恶龙展开厮杀恶战，最终擒住恶龙，拔了龙须，抽了龙筋，逼使恶龙吐出满腹之水，旱情随之消失，恢复了风调雨顺的景象。以后每年的五月十三日，关公亲自在南天门外磨刀示威并降下雨水。因此，老百姓为纪念关公磨刀降恶龙、解除灾难疾苦的恩德，五月十三这一天都到关帝庙烧香、敬献供品、祈祷平安。

在祈雨和龙灯会中的“龙王”和“龙”的形象的出现提醒我们，这些特定的日子和特殊的活动都体现了汉民族的“龙信仰”。龙是汉民族创造的“不存在于生物界中的一种虚拟的生物”，而它的原型是生物界现实存在的蜥蜴、大蛇、大蛟、鳄鱼等爬行类动物。这类动物有个特点，它们往往在下雨前出来活动。经过长期观察，原始人类把它们与雨这种“不可理解”的自然现象联系起来。在中国民间信仰中，龙王成为水神的主要象征。有水之处，无论江河湖海、渊潭塘井，都有龙王驻守，掌管该地的水旱丰歉。每当久旱不雨时，民间往往向龙王爷祈雨。

黄巢村村民在龙灯会上舞龙的用意，既包含祈雨祈福，也是娱人娱己，更是与周围村落进行社会交往的一种方式。黄巢村周围的刘家峪村、于科村都有花岗石矿，是村办企业，一般初六、初八开工，年年邀请玩龙灯的队伍，希望一年生意红红火火。还有几个村也是年年请黄巢的龙灯队伍去演出，包括柳东、柳西、柳中、窝铺村、车子峪、裁缝峪、菜峪、于科。通过舞龙，也使舞龙人的力量得以显示：一是舞龙本身是一个“力气活”，那些由腾跃、翻滚、盘回、穿插、耸立等构成的诸多套路、造型，不使出浑身力气就不可能完成；二是龙是自然力的象征，常常以张牙舞爪、耀武扬威、高高在上、不可一

世、神圣不可侵犯的面目出现，使芸芸众生不得不心存敬畏，而民众在舞龙的过程里，可以按龙头、折龙身、揭龙尾，让龙随着自己的心意上下翻腾。因此，与“祈雨”不同，龙灯会已经不再只是以“龙信仰”为基础的仪式活动，而更多的是一种兼具集体欢腾和村际交往功能的娱乐活动，是村民们娱乐健身、营造节日喜庆气氛的文化娱乐活动。

（四）关于民间仪式的思考

仪式，通常被界定为象征性的、表演性的，由文化传统所规定的一整套行为方式。仪式可以是神圣的，也可以是凡俗的活动，经常被解释为在特定群体或文化中沟通（人与神之间，人与人之间）、过渡（社会类别的、地域的、生命周期的）、强化秩序与整合社会的方式。作为文化时空中人的活动的积累与过程，仪式关注社会结构、文化传统与行动者参与创构活动的相互关系。[①] 按照这种理解，黄巢村过去举行的祈雨活动和现在年年开展的龙灯会活动都可以被看成仪式。两种仪式都是黄巢村人在人—自然—社会的关系中进行对话的手段。两种仪式都具有教化、心理调试、娱乐和整合社会秩序的功能。

1. 教化功能

钟敬文先生在1937年就曾写文章指出：

> 一切文化活动，在广义上都可以说是教育的。把“教育”只限于学校中的讲解、肄习，这是一种狭义的，同时也多少含有偏见的说法。学校教育的历史，从人类整个的历史看，是相当短暂的，同时它的范围也非常受限制。我们晓得现在地球上有不少民族是还没有学校的，我们又知道有好些民族或国家，她的多数人民，往往是和学校不怎样发生关系的。原始民族和半开化国的多数民众，他们不靠学校来做教育的机关。他们的教育机关，大抵是整个社会和许多家庭。……其实，造型的艺术和混合的艺术，又何曾不是一样？一座堂皇的祠堂，一幅庄严的神像，一出忠义的戏文，它们所掀动的情绪，所教导的行为，是不容易计量的。民间艺术比起我们学校中所讲习的音乐、唱歌、工艺、诗文等，无疑

① 参见郭于华主编：《仪式与社会变迁》，社会科学文献出版社2000年版，第1、3页。

尽着更大的、更实际的教育职能！[①]

通过两种仪式的举行，黄巢村的年轻人不仅观摩和学习如何操办类似的仪式活动，同时也听到了关于黄巢的传说故事，激发了他们身为黄巢人的自豪感。这难道不是最生动的爱家乡的乡土教育吗？仪式传达给年轻人的不是某种课本上的知识，而是一种乡土情怀。在乡村社会中，乡民的生活习俗与节日娱乐处处体现着仪式的象征意义与各种民间信念。各种民间仪式一直都是乡民接受教化、传播知识与思想的最佳途径。这种被学界称为"小传统"的教育方式对塑造乡土意识所起的作用是不容忽视的。

2. 心理调试功能

两种仪式在取水、扎街、巡游这些程序中都表现出浓烈的表演色彩，既能缓解村民面临干旱危机时的焦虑心情，也是一种神人同乐的娱乐活动。

黄巢村的村民有在年三十晚上"照庭"的习俗，请来家中去世的老人后，每家将一捆10余公斤重的谷草或玉米秸搬到街当中或大门口，点燃后火光冲天，明亮如同白昼。有的老人则用木棍插上一个窝窝头在火上烤，说是吃了这种窝头可以消灾、祛病。有的老人还让全家人转过身，背朝大火，说："烤烤那腚，八年不生病！"待柴草化为灰烬后，将灰烬撒成半圆形，把街口和巷口"封"起来，还有的用一根木棍横拦在大门口，都是为了不让邪魔鬼祟进来。

"扎街"和"点龙头"的行为与"照庭"有共同的观念基础，即锣鼓队敲敲打打，祈雨或者玩龙灯的队伍一走，邪魔鬼祟就都被吓跑了，家家户户也就能一年平安了。可以说，两种仪式都具有驱疫功能，都能满足村民们"求心里舒坦"的心理需求：村民期待的是神灵在新的一年里对村落社区的保佑，以及来年对本境的巡视、净化。

两种仪式的运作反映了村民虔诚的心理和寻找精神依托的需要。作为一种有关该社区历史发展的社会记忆，地方传统更容易为村民所接受和认同。在改革开放之前，"政治与社会动乱使人们对作为信仰的理想主义和政治象征主义失去兴趣，因为那些不断变动的意识形态和政治说教越来越难于解释周围并不令人满意的现实世界。于是人们必须转而寻找人性上和精

① 钟敬文：《民间文艺谈薮》，第251～252页。

神上的寄托和力量"[①]。村民在充满严肃气氛的祈雨仪式和热闹轻松的龙灯会中,向神明倾诉个人和村落在日常生活中遇到的困惑,寻找一种对心理平衡的追求和精神上的寄托。

3.娱乐功能

中国北方的乡村一年到头几乎没有什么公共娱乐活动。如今,村民家中户户有电视,业余时间被电视占去一部分,再加上近年来网络和手机得到广泛使用,村民之间的沟通和交流不断减少。祈雨仪式和龙灯会的举办把整个村落带入了一种"非常"状态,在表达祈求风调雨顺、五谷丰登、国泰民安、万事如意的愿望的同时,既宣泄了情感,又集中展示了民众的才智和生命力,就好像是中国乡村的"狂欢节",充满了一种俗世的欢乐,令每一个参与者都感受到精神的亢奋。狂欢精神的内涵,在中国的民俗传统中是同样存在的。狂欢化的民俗精神是通过或庄严或凡俗的仪式活动彰显了人们对生活的追求和对生命的理解,是通过一定的时间与空间形成的社会群聚与社会互动,并借助传统的民俗活动与表演事件体现出来,展现出民众心灵的欢乐和生命的激情。从某种程度上说,参与者是演员,而旁观者则是观众。无论是演员,还是观众,都很享受仪式举行的整个过程所带来的自娱自乐的精神快感。

4.社会秩序整合功能

乡村生活空间有限,今天张家的鸡跑到李家了,明天李家喂的羊又把张家的庄稼啃了,可以说在这种"低头不见抬头见"的生活圈子里发生各种摩擦是村落中极为平常的事情。而仪式作为集体性的活动,是可以发挥联络感情、增强团结的作用的。而且,如前所述,村里的年轻人积极参加龙灯会的活动,喝酒、赌博、打架、闹事的人明显少了。大家在玩龙灯的过程中既愉悦了心情,又锻炼了身体,节日生活的质量得到了有效提升。另外,两种仪式都还要走出去,与别的村落进行交往,有助于增进村际团结和互助。在仪式的运作过程中,我们看到村民通过合作和互助,一方面使得村民在公益事业方面的要求得到满足,另一方面也使得传统的互助合作制度在村民的共同记忆中被保留和再造,并通过仪式活动展示和实践这种传统文化。

---

① 庄孔韶:《银翅:中国的地方社会与文化变迁》,三联书店 2000 年版,第 371~372 页。

改革开放后实行的家庭联产承包责任制，大大削弱了20世纪50年代创造出来的集体制度，无法有效满足社区对公益事业的需求，造成了村民在日常生活中互助合作制度的缺失。“这一缺失感自80年代后便从恢复旧的家族仪式、村庙、祠堂等行为中强烈地表现出来，非正式权威应运而生”①，也给地方传统文化再造提供了发展空间。民间权威力量的倡导，是地方传统文化再创造不可忽视的直接原因。这种地方民间力量在黄巢村主要是一些热心乡里大事、有一定经济实力的村干部和有丰富地方文史知识的“文化人”和“能人”。

黄巢村人既能通过庄重的祭祀仪式，也能通过凡俗的娱乐仪式，接近自然，和自然对话，然后把这种对话再传达给他人与社会。村落自身似乎也能成为神的一种力量显现，而具有某种神的力量。在这个对话过程中，关于黄巢的各种传说故事作为村落的地方性知识为村落赢得了仪式活动的领导权和社区内的话语权。这种结果大大激发了黄巢村人的自豪感，作为一种符号资本——关于黄巢的传说故事强化了他们关于祈雨仪式的共同记忆，并且把他们在仪式的操作过程中运用纯熟的地方性知识、价值观念和交流方式再度在龙灯会中给予充分的运用。因此，可以说黄巢村在改革开放后兴起的龙灯会作为一个个案再次证明了这样一种现象，那就是30年来，伴随着中国农村社会和经济改革的进程，民众在构建新的社区生活秩序的实践中，会将曾经消歇已久的某些民俗文化重新运用起来，从而使旧的民俗形式被赋予新的民俗文化意义而得以传承下来。

① 王铭铭：《村落视野中的文化与权力：闽台三村五论》，三联书店1997年版，第78页。

第六章 黄巢村的象征符号

一、黄巢是村落的象征符号

黄巢村为什么会选择把黄巢作为村落的象征符号呢？笔者认为，可以从以下三个方面来理解。

首先，黄巢农民起义是在历史上真实发生的事件，在官方修订的各种史籍资料里可以找到相关的记载。根据这些记载，我们知道，黄巢领导农民起义军纵横驰骋中华大地达10年之久，提出了代表农民要求的“冲天”“均平”的口号。880年，黄巢率军攻入长安，唐僖宗逃往成都，黄巢即位称帝，国号“大齐”，年号“金统”。884年，黄巢败亡。这些记载还表明黄巢和他领导的农民起义军当年的确曾在济南和泰安交界的南部山区一带活动过，正是因为如此，这一地区与黄巢有关的遗迹特别多，比如黄巢坟、黄巢寨等。黄巢村在1989年被济南市历城区人民政府命名为“黄巢农民起义纪念地”，并被定为了县级重点文物保护单位。这样，黄巢村与黄巢的联系就得到了某种程度的官方认可。

其次，由于历史观和阶级立场的不同，正史资料中往往称黄巢为“盗”“贼”；而在黄巢村人通过传说故事所建构起来的集体记忆中，他们认为黄巢是农民的皇帝，连草木都听他的命令，在九泉之下还在保佑老百姓。由此可

以看出，他们对黄巢的认同感。在中国封建时代的历史中，朝代更迭不断，但是除了黄巢，山东这一带并没有出过皇帝。虽然黄巢是曹州冤句(今山东曹县西北)人，并不是黄巢村人，但是并不妨碍黄巢村人对他产生亲切感、认同感。

最后，黄巢村作为一个杂姓聚居村，缺少单姓宗族村落所拥有的以天然的血缘关系为纽带的认同感，需要找到一种社区内外都认可的村落的象征符号来增强凝聚力，获得一种自我身份的认同感。黄巢其人其事既是史实，又在社区内得到广泛认可，恰好满足了黄巢村人的这种需要，也就自然而然成为了黄巢村的村落象征符号。

二、村落象征符号的解读

在济南的南部山区与泰安、莱芜交界的数十个村落里，都流传着很多关于黄巢的传说故事，并且大都运用这些传说故事来解释村名的来历。从这个意义上说，这些村庄虽然在行政区划的设置上有不同的归属，但是在地域上和文化上建构起一个黄巢故事的传说圈。这个传说圈形成的年代因为缺少相关的文献资料已经不可考。这些传说故事在叙事方式上有一种共同点，即因为黄巢曾经在这些地方活动过，为纪念他才将村名改成现名。其中的一些村落可能在黄巢在这一带活动时已经建村，有可能因黄巢之事而得村名。而更多的村落实际建村的时间比较晚，因受到这个传说圈的影响，而把村名的来历附会到黄巢的传说故事上。无论黄巢村村名的来历属于哪一种情况，皆有力地强化了村落与黄巢之事的必然联系，和传说圈里的其余村落相比，更容易得到整个社区(传说圈)的认可。黄巢村三官庙遗址的那通嘉庆十三年(1808年)的石碑碑文的记载证明，黄巢村取得这种先机至少已经有200年的历史了，也就是说，黄巢村人把黄巢作为村落的象征符号，把黄巢传说故事作为村落的地方性知识的“小传统”，最少也有200年的历史了。

在与祈雨活动有关的传说故事里，我们可以清楚地看到，黄巢村人成功地对黄巢传说故事进行了地方性改造，获得了仪式活动的领导权和社区内的话语权。这种地方性改造集中表现在两个方面：一是传说中关于黄巢“变形”之类的情节内容。例如，“一个大旱之年的炎热中午，一条小白蛇从‘将

军庙’里爬出来，在龙潭仅有的水洼里来回游动。有人说，这是黄巢的化身，只有请他帮忙才能祈求到雨水。于是人们立即将这条白蛇‘请’回黄巢村的‘三官庙’供奉起来，派专人看护，并决定打出黄巢的大旗去柳埠的‘天齐庙’祈雨”。在这样的情节描述里，黄巢“变形”为小白蛇，成为祈雨仪式的灵物，出现在村里的将军庙（黄巢是庙里的主祀神）附近，然后又被请到村里的三官庙供奉。变形的情节内容因为与曾经实际存在的村里的两个庙相联系，而显得真实可信。二是传说中对黄巢进行神异化渲染的情节内容。例如，黄巢命令酸枣树不长针刺，帅旗随手在和尚帽子山顶一插就留下了深3尺有余的旗杆窝；不论有什么困难，只要到将军庙里烧纸、供香，再磕几个响头，黄巢就会从龙潭里“泛”出来银子和所请求的物品；在祈雨仪式中要对黄巢进行郑重的祭祀，他的大旗也被看做是有神力的法器（信物）。这些情节表明，在黄巢村人的心里黄巢有许多凡人所没有的本领，他已经不再是一个凡人，更像是一位扶贫助困、保一方平安的地方保护神。村里祭祀黄巢的将军庙则可以看成是这种神异化改造的物化结果。通过这些对传说故事的地方性改造，黄巢村与黄巢的关系被刻意地凸显出来。传说圈内的其他村落对这种符号资本的地方性改造与黄巢村相比有很大差距，黄巢村获得祈雨仪式的领导权也就成为自然而然、无可争议的事情了。黄巢村人打出黄巢的大旗去柳埠的天齐庙祈雨则可以看成是对他们在社区内所拥有的这种象征符号的炫耀，沿途村民的热情接待和路祭等行为表明了他们对黄巢村的象征符号的认可。中华人民共和国建立前，黄巢村在柳埠一带有“求雨从不落空”的声誉，就是他们成功地运用象征符号争取到社区话语权的最好证明。

随着时代的发展和进步，曾经是黄巢村人生活重要部分的祈雨仪式逐渐失去了存在的合法性和合理性，但是黄巢村人的象征符号并没有随着祈雨仪式的停止而失传。在改革开放后兴起的龙灯会中，黄巢村人再度把他们的象征符号加以运用，只不过根据时代的要求对其进行了重组和改造，采用了一种与祈雨仪式相比娱乐色彩更为浓重的新形式。

今天，黄巢村人想借助其秀丽的自然风光和质优量丰的土特产，在新一轮的旅游经济开发中，使村落得到新的发展。这种思路得到了柳埠镇政府的大力支持，“黄巢九寨风景区”成为柳埠镇政府打造“山东省生态旅游第一

镇”而进行对外招商引资的三个项目区之一。在这个项目的书面文字介绍材料里，黄巢的传说故事作为村落的象征符号再度被拿来进行宣传。这样做的用意很明显，就是希望通过这种宣传来凸显村落的文化内涵，提升村落的人文形象，以对潜在的投资者增加吸引力，尽快使项目进入实际开发和落实阶段，使得镇政府、黄巢村和投资者三方实现利益的共享。现在还很难预料这样的经济开发活动会给村落的生活带来怎样的变化，但是有一点可以肯定，那就是这个项目如果招商引资成功，一定会极大地改变黄巢村人的生活现状。虽然希尔曼的项目目前处于停滞状态，但黄巢村民仍然期盼着有新的生态旅游开发项目。

在祈雨活动中，黄巢村人通过对黄巢传说故事的地方性改造并成功地运用这一象征符号获得了仪式活动的领导权和社区内的话语权。这能给他们带来什么样的利益呢？显而易见的一点是提高了村落在社区内的知名度。黄巢村的名气大了，能够给黄巢村人的生活带来很多好处。一些上了年纪的村民回忆说，中华人民共和国建立前村里大南沟水库的那一带是一片滩地，在那里定期进行牲畜的交易，济南和泰安的人都来，曾经有过1000多头牛同时进行买卖的盛况。另外，黄巢村现在的新集也是柳埠镇的6个集市之一。据村民们说，是1961年农历九月初九由政府设立的集，当时还在村里连着唱了三天大戏。令笔者感到困惑的是，黄巢村地理位置偏远，又是“满山是石头，出门就爬坡”的山区，可以想象在没有修好“村村通”公路的过去，交通是极为不便的。如果不是因为黄巢村人有运用象征符号的“小传统”，他们的村落很难克服诸多不利因素而成为社区的经济中心之一。

改革开放后，黄巢村人再度把他们的象征符号加以经营和运用，根据时代的要求对其进行了重组和改造，采用了一种娱乐色彩更为浓重的新形式——龙灯会。像龙灯会这样的群众性民俗娱乐活动因为能生动地表现国泰民安、普天同乐的社会氛围而受到政府的大力支持和提倡。在这样的节庆活动中，所有村民都可以获得精神的愉悦和满足，一部分参与表演的村民还可以获得经济收入。村民孙广汉因个人爱好而开始搜集整理村落里流传的关于黄巢的传说故事，发表了一些作品后，被镇政府从黄巢小学调到文化科工作。2004～2005年，柳埠镇为打造“文化柳埠”先后编辑了两本内部小册子《柳埠民间传说》和《柳埠神韵》，其中，关于黄巢的传说故事占1/2以上。

媒体记者到村落里采访、拍摄，黄巢村龙灯会的影响也随之进一步扩大，他们得到了更多演出的邀请，不仅到柳埠镇的各个村落，甚至得到了历城区文化局的演出邀请，走进了省城的大街小巷。历城区文化局还把2006年历城区庄户剧团进乡村活动的启动仪式放到黄巢村举行。据历城区文化局文化馆的何馆长介绍，他们作出这样的安排，是想让有文化底蕴的黄巢村带个好头。在镇政府制定招商引资的项目规划之类的方针政策时，地理位置偏远的黄巢村也得到了重视。2006年年底，笔者在村里调查时，村干部正领着一批人紧张地进行土地测量活动，说是黄巢村申请了一个800万的项目，用于村里风力提水和盘山公路的建设。如果项目申请成功，黄巢村的发展将会达到前所未有的水平。2012年4月15日，由济南市文化广电新闻出版局、济南市群众艺术馆组织举办的济南市“公共文化走进新农村”系列活动走进黄巢村。当天，济南市群众艺术馆“群星艺术团”吕剧票友队的演员们为现场农民朋友奉献了精彩的吕剧专场演出。深受农民朋友喜爱的传统吕剧《三拉房》《老来难》等剧目一一上演，吕剧票友队还为本场演出特意排练了吕剧小品《生日》。全场演出掌声、笑声、喝彩声不断。[①] 2007年10月，黄巢村被山东省政府命名为“历史文化村镇”。2008年6月，《黄巢祈雨》和《黄巢村的传说》分别被列入济南市第一批、第二批非物质文化遗产名录。2013年12月，黄巢村被山东省旅游局命名为“山东省生态旅游特色村”。2015年5月，黄巢村被山东省政府批准为“乡村记忆工程”文化遗产单位。通过这些情况，我们可以很清楚地看到黄巢村人在新时期对村落“小传统”的运用给他们带来了巨大利益。我们不能不说，对村落象征符号的经营与运用无论在过去还是今天，都是黄巢村人生活的重要部分，是他们生活的知识和智慧，也是村落“小传统”在世代传承的动力。

① 参见济南文化广电新闻出版局：《济南“公共文化走进新农村”系列活动走进历城区黄巢村》，2012年4月23日，http://ent.sdchina.com/show/2292206.html，2017年9月20日访问。

第七章 村里的人 村里的事

黄巢是山东的农民起义英雄。他领导的农民起义战争，坚持10多年，行程万里，虽然最终失败了，但他的革命斗争精神在传说故事中被世代相传。黄巢村人①，勤劳、善良、热情、朴实。他们中既有在抗日战争、解放战争中为国家英勇战斗的革命英雄，也有在和平时期为村庄发展做出贡献的地方能人，还有传承孝道、敬老爱老的普通农家妇女和面对各种突发状况、挺身而出的先进典型。通过这些人和事，我们依然能看出黄巢精神对黄巢村民众生活的影响。

一、革命英雄

（一）张文举

张文举，葫芦套村人，1922年出生，1939年参军，1944年入党，1955年复员回家。先后参加过泰安、莱芜、孟良崮、济南、淮海、渡江等大小战役百余

① 黄巢村周围的葫芦套村、蔡峪村、长峪村，因过去与黄巢村同属黄巢大队，直到今天当外人问起时还是说自己是黄巢村的。因此，本章中对这几个村的代表性人物和事件一并收入。

次，曾被华中军区通令嘉奖1次，获嘉奖令2次；被鲁中军区授予一等功3次、二等功4次，评为“战斗模范”3次。

因家庭贫困，他从八九岁就开始给地主放牛。1939年的春天，16岁的张文举参军后走上了革命的道路。老人说：“那时当兵，一心想的就是如何打鬼子，早日把日本鬼子赶出中国去，我们不能做亡国奴啊！那时根本就没想到会过上今天的幸福生活。”1939年下半年，张文举所在的鲁中军区十二团与兄弟部队并肩作战，取得水北战役胜利后，各部队回防。一天晚上，他所在的十二团突然被3000多名日军包围起来，全团战士全力突围，但由于敌我力量对比悬殊，战斗异常激烈、残酷。整个战斗持续了近3个小时，全团五六百号人到最后仅剩11个人了。最后，张文举与鬼子互拼刺刀，由于身单力薄，个子矮小，被鬼子一刀刺中左肩部，鲜血直流，剧痛难忍，幸亏班长翟绪本（博山人）及时赶到，才把他从鬼门关上救了回来。那一次，他大难不死，却与大部队失去了联系。

1940年初，张文举徒步从家乡跑到泰安城，第二次参加了革命。当时部队里缺少侦查员，考虑到张文举那次特殊的战斗经历，连队领导便安排他到鲁中军区侦查科学侦查。一天下午，在博山南野外训练结束后，大伙原地休息。这时候，张文举远远看到两个人朝这边走来，看那姿势和走走停停的样子就判断这两个人有问题。等这两名中年妇女走近，张文举冷不丁地叫住了她俩，用教员平时讲授的方法仔细盘问。这二人早有准备，应对自然。其他学员们都说他多心了。而张文举就是感觉这两名中年妇女不对劲，并没有放松警惕，一直细心留意着二人的一举一动。当两名妇女走出几步远时，细心的张文举终于看出了破绽。走路的样子怎么这样别扭？一定有问题！张文举心里暗自揣摩。“站住！”他再一次叫住这两人。再次被叫住让这两个人慌了神，神情和语言也不像刚才那样自然了，最后在她们身上搜出了两支手枪和一份重要情报，原来她们两个是女特务。这件事让张文举名声远扬。学习结束后，张文举回连队在侦察班干起了侦查员。1942年下半年，侦察班班长被调走，他任代理班长。1943年，日军在泰安南王庄修筑据点。接到部队命令，张文举带领3名战士化装成普通民工混了进去，表面上是帮鬼子修炮楼，实际上是找机会消灭敌人、破坏修筑工事。他们用了三四天时间，就把鬼子的人数、人员分布、活动规律及据点周边的环境都了解得一清二楚。前一天晚上，他寻机将有关情况向连队领导作了详细汇报，并一起制定了具体的作战计划。第二天中午，趁日军聚在一起吃午饭的时候，张文举冷不防掏出手枪击毙了站岗的日军，紧接着向正在吃饭的日军连投两颗手榴弹，日军还没反应过来就全部“报销”了。之后，民工们抄起家伙将马上就要完工的碉堡变成了一堆废墟。与此同时，根据张文举等人提供的情报，连队还打了一个漂亮的伏击战，全歼日军 50 多人，极大地鼓舞了整个连队的士气。

1945 年，全国抗日战争胜利后，张文举所在的部队到长清的万德驻扎，为防止日本兵卷土重来，他们连日破坏铁路几十里。随后，部队到泰安城北关岱家庵驻扎。那时，国民党军队驻防泰安城。为了解情况，上级安排张文举进城侦查情况，没想到被心怀鬼胎的国民党守军司令宁春仁部下抓住并关押起来。期间，张文举遭受了各种非人的折磨，如坐老虎凳、灌辣椒水、查肋骨等酷刑。然而，他始终咬紧牙关，与敌人进行了不屈不挠的斗争，一直被关押了近 4 个月。直到后来国、共两党及美国三方组成的执行小组到泰安出面调停，张文举才被解救出来。

淮海战役刚刚开始，已经担任特务连连长的张文举带领他的特务连，作为第一梯队首攻郯城。他身先士卒，冲锋在前。刚上城头，敌人的一颗手榴弹就迎面飞来，正好砸在他的嘴上，当时他像一只断了线的风筝一样，从 5 米多高的城墙上摔了下来。他满口是血，两颗门牙被砸飞了。醒来后，大家劝他不要再参加攻城了，好好休息一下，但他坚决不肯，再次爬上城墙，带领战士们攻城。最终，他率领全连战士率先攻开南城门，为整个战斗的胜利奠定了基础。这一次战斗之后，他被鲁中军区评为“战斗模范”。

1949 年 10 月 1 日，中华人民共和国成立。此时还不到 30 岁的张文举由于长年征战，加上敌人的酷刑折磨，身体状况大不如从前。1950 年，他得了严重的胃病。1955 年，他的病情开始有所好转。考虑到自己的身体状况，再加上自己没有文化，张文举决定离开部队，不给国家添麻烦。尽管部队首长和战友们再三挽留，但倔强的他铁了心，最终离开了连队，回到了阔别已久的家乡——柳埠镇葫芦套村。

如今，半个多世纪过了，回首往事，老人感慨万千，常说：“比起那些长眠于地下的战友们，我能过上今天的幸福生活，已经很满足了……”张文举老

人于2010年10月不幸病逝，但他在当年的枪林弹雨中英勇杀敌、永不屈服的战斗故事，依然在当地的村民中传颂着。[①] 可以说，他不屈不挠的战斗精神与村民们心中的黄巢的革命斗争精神一脉相承。

（二）胡廷财

胡廷财出生于1922年9月5日，于2013年1月13日因病与世长辞，历城区柳埠镇黄巢村人。1946年参加中国人民解放军，在福建龙溪军分区独立四营三连任副排长，同年加入中国共产党。曾参加过莱芜战役、潍县战役、济南战役、泰安战役、淮海战役、孟良崮战役及漳州市清匪除霸的战斗，荣立一等功2次、三等功2次，两次负重伤。

1952年9月20日，胡廷财复员，回到家乡黄巢村，参加了卧虎山水库的建设工程，并担任施工队队长，多年担任本人所在的生产队队长、林业队队长等职，在工作中严于律己，宽以待人，从不以权谋私，从不居功自傲。他带领林业队员深入山沟、丘陵，植树造林，绿化荒山，改变了黄巢地区水土流失的严重局面，为黄巢地区的林业事业做出了积极的贡献。[②]

无论是战争岁月中面对敌人时所表现出来的英勇顽强的战斗精神，还是和平岁月中为改变家乡的生态环境坚持不懈的努力，那种无畏的斗争精神不就是传说中的黄巢所具有的革命斗争精神在现实生活中的真实再现吗？

二、地方能人

（一）刘明海

刘明海，出生于1955年11月22日，1972年11月加入中国人民解放军，1974年7月加入中国共产党，曾任班长、排长、团长助理员等职务。1976年

① 参见徐化平、孙广汉：《革命功臣——张文举》，2014年7月29日，http://www.cuncunle.com/village-101-420843-article-1011427710440185-1.html，2017年9月7日访问。

② 参见孙广汉：《在胡廷财同志悼念仪式上的悼词》，2013年1月15日，http://www.cuncunle.com/village-101-420915-article-1011427710130463-1.html。2017年9月7日访问。

7 月参加唐山地震抗震救灾，荣立二等功。1977 年荣获三等功。立功受奖 56 次，被授予“铁道兵学雷锋积极分子”称号。1979 年 2 月参加对越自卫反击战，因公负伤，评为军级三等伤残军人，由山东省人民政府授予“模范革命伤残军人”称号。退伍回家后办起了济南野风酥食品有限公司，任董事长，从事山东特产“糖酥煎饼”加工，并注册了“野风酥”商标，同时多年担任黄巢村书记兼主任，先后获得“优秀党员”“优秀村干部”“优秀民营企业家”“先进个人”等荣誉称号。①

1992 年，刘明海复员回村，当上村主任。他提议组织龙灯会，把村里的年轻人组织起来，努力营造一种文明的生活氛围，活跃农村文化生活，革除喝酒、赌博、闹事的陋习。他参与组织龙灯会的事迹可参见前文，兹不赘述。

（二）刘克胜

刘克胜，男，汉族，62 岁，中共党员，济南华鲁食品有限公司董事长。2015 年 4 月被评为“全国劳模”。他一直坚守在济南南部山区，从事农林种植、产品精深加工和技术创新，研发成功的核桃系列食品和药品包括四大类 30 多个品种，辐射带动了周边 7 个县区的核桃产业发展，有效地增加了农民收入，为公司创建省级农业产业化龙头企业立下汗马功劳。他在全国首先提出并参与制定了“山楂核烟熏香味料 I 号、II 号国家行业标准”，填补全国食品添加剂行业标准的空白，在全国第一个提出并参与制定了“核桃油产品国家标准”，再一次填补了该领域的空白。②

刘克胜先后建立了柳埠镇、黄巢村等 5 个农业产业化基地，有加盟农户 10000 户，建立无公害基地 1500 公顷，认证了核桃、板栗两个绿色产品以及核桃、核桃油、板栗、甘栗仁、山楂核烟熏香料 I 号和 II 号、山楂、小米、绿豆、红豆 9 个有机食品，使加盟农户增收 600 万元，人均增收 400 多元，其他项目为农民增收 200 多万元。③

刘克胜充分挖掘果林繁茂的济南市南部山区发展林果产品精加工产业

① 参见《飞跃济南　瞰成就——农业篇之二：“中国一绝”知道在中国哪里吗?》，2016 年 9 月 6 日，http://www.toutiao.com/i6327174164314587650/，2017 年 9 月 9 日访问。

② 参见巩宪群主编：《济南年鉴》（2016 年），2016 年 11 月，http://cyfd.cnki.com.cn/Article/N2016110051001429.htm，2017 年 9 月 9 日访问。

③ 参见陈克涛、王勇：《用科技创造绿色做龙头带动三农》，载《农业知识》2011 年第 19 期。

的资源优势，将一个原来资不抵债、两度濒临倒闭的镇办食品厂，复生为一家年销售额过亿元、新产品畅销国内外的省、市级农业产业化龙头企业。他那种善于钻研、为民服务的精神是今天黄巢村民改变生活的“黄巢精神”的集中体现。

(三)“编匠”孙广汉

2017年8月25日，我向几位年满65岁、正要去村卫生室去参加一年一次的抽血化验、量血压、查体的大娘打听：“孙广汉的家在哪？”一位大娘应了一声：“找‘编匠’啊？”我问：“编匠？是说他会编故事吗？”大娘“嗯”了一声。“编匠”这个词并没有贬义，而是一种夸赞，就像孙广汉老师在学生时代和村民口中的“作家”美称一样！透过他的个人生活经历，也可以了解到黄巢村的时代变迁的缩影。

孙广汉1969年开始上初中。他在家中听父亲讲，祖辈由于闹灾荒从历城区北康举家逃荒、要饭，来到柳埠镇黄巢村定居下来。在戴尔刍老师的指点下，他把这一素材写成《我的家史》，后被作为范文读给全班同学听。就这样，在戴老师的指导下，他开始对写作产生浓厚兴趣。1972年，他在柳埠摩天岭中学读高中后又得到了李世印、邱翰章老师的指导，《赤脚医生的榜样——侯庆福》《人民的好兽医——杜吉财》等稿件接连被广播站采用，他的写作兴趣也越来越浓。高中毕业后，他回村担任村团支部书记兼本生产队会计，把团员青年积极参加义务劳动的事迹撰写成稿件寄给《济南农民》报社和广播站。在平时的劳动中更加认真观察，他发现柳埠供销社黄巢门市部的赵和祥同志经常带领他的员工手推独轮车，将村民用的日用品送到各村和田间地头。他以此为素材写作的《地头来了送货郎》《最受农民欢迎的农村门市部》等稿件相继在《济南农民》刊登。从此，村民们见了他都喊“作家”，历城县广播站向他颁发了《历城县广播站》“通讯员证书”，当时的大队党支部让他成立了“黄巢大队通讯组”，还专门为他订阅了一份《济南农民》报。1975年9月，他经大队推荐进入原济南历城师范学校文科班学习，在牛维均和韩老师的指导下，他以黄巢门市部送货下乡为素材撰写的综合稿件《送货上门暖人心》在《济南农民》报头版头条刊登，同学们也开始喊他“作家”。1977年7月，他从师范学校毕业后到黄巢学校担任毕业班语文教师。

繁重的教学任务之余，他利用课余时间继续为报社和县广播站撰写稿件，不断收到县广播站和报社的稿费(每篇 2 元或 3 元，最多 5 元)。那时民办教师每月的工资补助只有 8 元钱，这些稿费对当时刚刚组建家庭的他来说，很有“补充”作用。1983 年和 1984 年，他连续收到《济南日报》颁发的“济南日报通讯员聘书”。两年后，县广播站撤销，《济南农民》报停刊，他无处投稿，就安心教学。1998 年 12 月，柳埠镇党委创刊发行了《柳埠报》，又一次激发了他的写作兴趣。听说第 4 版刊登本镇的民间传说故事，他就开始搜集并整理了唐朝末年发生在黄巢村的黄巢起义的民间传说送给柳埠报社，被连续刊登。他又把发生在学校、社会上的好人好事整理成稿件，皆被《柳埠报》采用。1999 年 12 月，他撰写的《我的父亲》一文获济南市小学语文教师范文写作评选“优秀范文一等奖”。1999 年底至 2000 年初，柳埠镇党委拉开了修通黄巢至药乡公路的序幕，为了修通公路，长峪村的村民舍小家、顾大家，拆掉自己的房屋，砍掉自己的果树，积极为修通这条致富路做贡献。他利用周末休息时间到该村采访，撰写了《房子再重要，也不如修公路重要》等稿件，发表在《柳埠报》上，得到了报社及镇领导的好评。2001 年 3 月，他被当时的镇党委书记王钟、镇政法委书记张培明同志直接提名，借调到镇宣传科工作。镇党委政府又一次为他搭建了写作的平台。他心里那股高兴劲儿就甭提了，也非常珍惜这一发挥个人兴趣才能、来之不易的工作。他在《柳埠报》《历城》上发表了多篇关于“好婆婆”“好媳妇”“好女婿”的稿件。2006～2008 年，他和王桂平科长合作撰写《五月十三祭天习俗》《黄巢村的传说》《柳埠媳妇宴》《神通寺传说故事》并递交了非物质文化遗产申报书，这几项被成功列入济南市第一、二、四批非物质文化遗产名录；合作撰写《柳埠镇》《黄巢起义与黄巢村》《泥淤泉》《突泉》《大会》等申报材料，柳埠镇和黄巢村、泥淤泉村、突泉村、大会村为此被列入山东省历史文化村镇。2013 年 12 月，黄巢村被山东省旅游局命名为“山东省生态旅游特色村”。2013 年 3 月，由于年龄的关系，他离开了自己非常喜爱的工作单位——柳埠镇党委宣传科。2014 年 3 月正式退休。

对写作的兴趣是孙广汉几十年如一日笔耕不辍的动力。一支笔记录下他感受到的生活的酸甜苦辣，改变了他的人生轨迹，更为黄巢村——生他养他的家乡进行着长时间的宣传！无论是“作家”的外号，还是“编匠”的美称，都说明他几十年来的写作为黄巢村的发展做出了一份贡献！

三、敬老模范

(一)陈玉兰

1993年,在村民的推荐下,陈玉兰开始担任黄巢村的妇女主任、计生主任。10多年来,她走街串户,凭着自己的一腔热情,把各项工作干得有声有色,本人连续多年被评为"先进工作者",黄巢村也由此多次被评为"计生工作先进单位"。她是村里优秀的妇女干部和庄户剧团团长,还是家里贤惠孝顺的好媳妇。

陈玉兰家里有6口人,公公孙长友患小脑萎缩,大伯哥是个聋哑人,丈夫中年因摔伤留下小脑不清醒的后遗症,两个孩子还在上学。生活的重担并没有压倒她,10多年来陈玉兰尽心尽力、毫无怨言地伺候公婆和家人。

她每天早上5点就起床,先服侍小脑不清醒的丈夫穿好衣服,再做好公公、大哥、丈夫的饭菜,伺候三人吃完饭后,自己匆匆吃上几口,再喂上家禽,然后一溜小跑到村办公室上班……中午和傍晚拖着疲惫的身体回到家后,再为三人做好饭菜,伺候三人吃完后,再去庄户剧团排练节目。冬天,她为公公、大哥灌好保温瓶,暖着被窝;夏天,她为公公、大哥挂好蚊帐,钉上窗纱,并不时地为二人喷洒驱蚊药。她的每一天就像拧紧了发条的闹钟一样,周而复始地进行着。但是凭着乐观的精神,她硬是挺了过来。如今,两个孩子也都长大成人,参加工作并组建了家庭。她的大儿媳妇被她的敬老行为深深感动,表示也要像她照顾家人那样地孝敬她。陈玉兰的家庭几乎年年被柳埠镇政府妇联评为"五好家庭";2009年11月获"历城区首届'中国人寿保险杯'模范和谐家庭"称号;2011年3月荣获济南市历城区妇联2010年度"十佳平安和谐家庭"荣誉称号。

2004年,陈玉兰成立了巾帼文明服务队,组织文明队参加文艺演出,自编自演节目,带领队员到各地演出。2005年春节又成立了黄巢村庄户剧团,被任命为庄户剧团团长。由于她的精心组织,演出节目的质量越来越好,剧团演员及村民们都称赞她是庄户剧团的顶梁柱。2006年11月,她带领的庄户剧团被历城区委宣传部评为"优秀庄户剧团"。2010年,她组织

120 名老年朋友学习《中华通络操》,为全村老年人的身心健康做出了积极贡献。[①]

(二)范正兰

在黄巢村,1939 年出生的范正兰又是一位让村民们交口称赞的敬老模范。

范正兰的婆婆韩子英,1919 年出生,16 岁那年嫁给了黄巢村抗日小学的私塾教师孙桂梅,育有二男三女。1987 年 4 月,84 岁的老伴孙桂梅因病去世,老人的两个儿子孙广祥(49 岁)、孙广俊(66 岁)也分别于 2007 年 9 月、2008 年 8 月因病接连去世。白发人送黑发人,韩子英老人处于巨大的悲痛之中。

范正兰 22 岁嫁给孙广俊以后,勤俭持家,孝敬老人,育有三女一男。丈夫的不幸去世,使她感觉像是天塌了一样,但是她抑制住自己的悲痛,每天细心地照顾着婆婆,还经常宽慰婆婆。

范正兰有很严重的风湿性关节炎,视力也不太好。她每天早晨起来的第一件事就是打发孙子、孙女吃饭上学,然后来到婆婆的房间打扫卫生、端屎端尿,帮助婆婆穿好衣服,再用湿毛巾帮助老人擦脸、梳头,把热乎乎的饭菜放在老人的面前,看着老人吃完饭,自己才吃饭。

每年春节期间,黄巢村有舞龙灯、文艺演出的习俗。在征得老人的同意后,范正兰给婆母穿上最新的衣服,把椅子安排在大门口,让老人高高兴兴地观看演出……老人经常有头晕的现象,范正兰总是小心翼翼地搀扶着老人,及时给老人喂药。就这样,日复一日,年复一年,范正兰老人细心地照顾、侍奉着自己的婆婆。96 岁高龄的韩子英老人,满面红光,精神焕发,耳不聋,眼不花,每顿饭还能吃一个馒头。每次听到大家的赞扬,范正兰总是很朴实地表示:家中有老人在一天,就要好好孝敬老人,她只是做了一个女儿、一个儿媳该做的一切,只是做得还不够好,还会努力做得更好。范正兰的儿媳妇韩培华在她的言传身教下也表示以她为榜样,今后也好好侍奉她,把她

① 参见历城区老龄办:《历城区:和谐乐章中的好媳妇——记济南市历城区柳埠镇黄巢村陈玉兰》,2012 年 8 月 6 日,http://www.qcllw.gov.cn/html/2012/0806/3848.html,2017 年 9 月 7 日访问。

们家孝敬老人的好传统传承下去。韩培华看报纸时常常特别留意“为老年人调理生活食物”的方法，用心协助范正兰调理韩子英的饮食。

78岁的范正兰侍奉照顾98岁高龄婆婆的感人事迹传为佳话，柳埠镇民政办的同志每年都来看望韩子英老人，并及时为她办理了90岁以上老年人经济补贴。村两委经研究决定，为范正兰办理了农村最低生活保障补助金。[①]

四、好人好事

（一）陈恩礼

2016年8月6日，几场大雨过后，柳埠镇黄巢村西河人工湖河水爆满，水流湍急。天空放晴，村里的妇女们纷纷来到河边洗衣物，卜令美、卜令芳姐妹俩也在其中。坝顶的石块长满青苔，雨水过后更加湿滑。卜令芳脚下一滑，栽进了3米多深的水中。看着在水中挣扎的妹妹，姐姐卜令美当时吓蒙了。卜令美反应过来后，急忙大声呼救。就在这危急关头，一位30多岁的小伙子飞步跑到坝顶上，衣服也没顾上脱，就跳进了水中，向落水者游去。他抓住落水者的后衣领，一米一米地向坝顶靠近……河坝和水中乱石块的棱角把小伙子的胳膊和脚都划破了。在卜令美的帮助下，他终于把失足落水的卜令芳拖上了坝顶。看着得救的妹妹，姐姐卜令美眼含热泪，不知道该对小伙子说什么好。小伙子看到卜令芳已经没有危险就离开了。

姐妹俩到处打听才知道，这位舍己救人的小伙子叫陈恩礼（乳名叫大军），是柳埠镇蔡峪村人。这一天，他到黄巢村走亲戚时，看到了卜令芳落水，出手相救。当卜令芳的家人带着烟酒等礼物登门感谢时，也被陈恩礼婉言谢绝了。[②]

---

① 参见《九旬老人有个七旬好儿媳》，2014年8月26日舜网《济南日报》，http://blog.sina.com.cn/s/blog_62c56d7f0102uwob.html，2017年9月7日访问。

② 参见孙广汉：《舍己救人的好青年——陈恩礼》，2016年8月10日，http://www.cun-cunle.com/village-101-420915-article-9861475123525157-1.html，2017年9月7日访问。

(二)窦茂凯

2015年4月8日(农历的二月初八)下午3点左右,柳埠邮政支局的张青美与投递员赵元香等同事一起去长峪村便民店送物品。在返回途中,赵元香一不小心从没有栏杆的桥上跌落到河中。当时正值农历的二月,冰冻虽已融化,但河水依然冰冷刺骨。落入桥下的赵元香由于受到惊吓,再加上冷水的浸泡,在水里一动也不动,出现了休克现象。桥面与河床的垂直距离约3米高,桥两边都是陡峭的石堰。张青美和车上的两位女同志都吓蒙了,反应过来之后,她们立刻朝村子的方向大声呼救。几位村民听到呼救声立马赶来,但也不知所措。这时,一位小伙子急匆匆跑来。他看到这种情景,立即告诉几位村民去找门板和水鞋,自己却不顾天气寒冷立即跳到水中,把赵元香抱出水面,平稳地放在桥旁的草地上,然后脱下自己的棉上衣盖在赵元香的身上。接着他又起身跑到附近的亲戚家抱来棉被,把赵元香紧紧地包裹了起来。由于得到了及时的抢救,再加上棉被的温暖,赵元香慢慢地恢复了知觉。张青美同志立即拨打了120急救电话。小伙子让找来门板的村民在门板上铺好棉被,把赵元香轻轻地抬到门板上,用下托上拉的方法,把她拖到了桥面上。这位小伙子的鞋子里灌满了冰冷的水,裤子也湿透了,河水顺着他的裤管往下流,而他的头上却全是汗水。一直等到120急救车赶来,这个小伙子才离开。

第二天,这位小伙子又带上营养品到医院看望赵元香。赵元香拉着小伙子的手,激动的泪水夺眶而出,连声感谢。小伙子却腼腆地说,警民是一家,这是他应该做的。这位勇救落水者的小伙子叫窦茂凯,是长峪村人,2013年11月应征入伍,如今在武警北京总队第十七支队二十中队服兵役。救人那天正是他回家探亲的日子。柳埠邮政支局的张青美同志代表邮政支局全体职工,写了一封带有真挚的感激之情的信,寄给了武警北京总队第十七支队二十中队的官兵,以表达他们对该队武警战士窦茂凯同志见义勇为行为的感激之情。①

① 参见张青美(讲述)、孙广汉(整理):《见义勇为的武警战士——窦茂凯》,2015年5月30日,http://www.yigecun.com/cityfild/showad.aspx?id=94A11D1F6D2E9C2D,2017年9月7日访问。

(三)修路

2017年7月,几场暴雨过后,该村东头村碑前的公路地堰被冲出了3处大豁口,硬化的水泥路面悬空了起来,对来往的车辆和行人的安全造成了威胁。看到这种情景,一支以党员为首的义务修路队自发形成了。

2017年8月1日上午,黄巢村干部杜延东、陈玉兰,中共党员、退伍军人杜召福、杜召贞和退休教师孙广汉,75岁的村民杜召洪,青年侯传钢、刘克芳,第一书记胡家峰等,先后来到了工地,加入了义务修路队。

雨后的太阳炙烤着大地,汗水顺着脸直往下淌,衣服上沾满了泥水。搬石块、活灰,几个人干得热火朝天。杜召福、杜召贞、杜召洪熟练地进行地堰砖墙砌磊工作;侯传钢自己出钱找来了挖掘机;女村民支传香从家中拿来了自来水塑料管并把自来水直接通到工地,还从家里带来了热水和茶叶,供施工人员休息时饮用解渴。第一书记胡家峰除个人支付了半吨水泥款外,又和妇女主任陈玉兰、村民程光发每人捐出100元现金,孙广汉一次性捐出200元现金,共同解决了工地上的费用支付。

第二天上午,被冲坏的小桥附近的两处地堰砖墙砌磊工作已接近尾声。当听到天气预报说当天有中雨后,他们顾不上休息,加快了施工速度,终于在大雨来临之前完成了修复工程。附近村民孙拥军很受感动,和支传香一起出资购置了酒菜,中午让施工人员在他家休息、吃饭。

大雨下起来后,杜召福、侯传钢发现刚刚砌磊好的地堰边被雨水冲出了一个缺口,立即放下饭碗,拿起工具冲向工地,冒雨堵住了被冲开的缺口,保住了地堰。①

---

① 参见孙广汉:《党员义务修路传佳话?》,2017年8月3日,http://www.yigecun.com/cityfild/showad.aspx?id=FAB382A5D94E7486,2017年9月7日访问。

后记

2004～2007 年，笔者在山东大学文史哲研究院叶涛教授的指导下攻读民俗学硕士学位。在硕士论文写作的近两年时间里，笔者对黄巢村进行了数次田野调查，通过各种途径搜集文献和档案资料。通过资料整理、深入思考和对比分析，笔者有了这样的认识：黄巢就是黄巢村的象征符号，黄巢村人通过对有关黄巢的各种传说故事进行地方性改造，使之成为村落的符号资源，在祈雨活动中通过运用这一符号资源为村落赢得了仪式活动的领导权和社区内的话语权，强化了他们关于祈雨仪式的集体记忆；改革开放后，这一符号资源在龙灯会中得到充分的运用，黄巢村人在新的历史条件下对它进行了新的解读、重组和运用，获得了社区市场的主导权和地区发展的优先权；在最近的经济开发活动中，黄巢村人通过对这一符号资源的进一步强化和运用，努力增加村落的文化内涵、提升村落的人文形象，以吸引投资者、促进村落的发展。总而言之，无论是过去的祈雨仪式、改革开放后兴起的龙灯会，还是今天的经济开发活动，黄巢村人都在自觉或者不自觉地对他们的符号资源进行经营、重组和运用，得到了有形或无形的利益，有力地促进了村落的发展。也正是因为这种符号资源一直都在给黄巢村人带来各种利益，与黄巢有关的传说故事才得以在村落里代代相传，成为村落的“小传统”，或者说是村落里“口头传统和表述”的“非物质文化遗产”。

2017 年，为完成本书的写作，在 10 年前所完成的硕士论文的基础上再次围绕黄巢村进行了多次补充调查，在进行对比性研究后，重新整理写作思路。本书的写作以问题意识为先导，抓住有价值的线索，通过反复调查，不断发现新问题，不断就地分析和解决问题，从而拓宽调查领域，拓展调查深

度，使调查与研究不断得以推进。本书的研究和写作阶段特色有两个：一是文献参考和田野调查相结合的方法，二是总体的研究方法。田野调查，既是获得资料的方法，也是研究的过程，是田野中的研究。在本书写作中对黄巢村所进行的调查多达9次，时间跨度近12年。9次田野调查最突出的特色就是团队调查与个人深入调查相结合。在老师的指导下，按照调查大纲和任务分工深入村里的家户进行调查访谈，几十人、甚至上百人的调查团队态度认真，效率惊人，提交的调查资料中提供了很多有价值的线索，为之后的深入调查和研究打下了良好的基础。本书写作中，笔者一方面注意查阅古籍文献资料，如明崇祯《历城县志》、清乾隆《历城县志》，以及《续修历城县志》《历城县乡土调查录》《济南名胜古迹辑略》等；另一方面也很注意搜集中华人民共和国建立后出版发行的各种地方文献资料，如历城县志编纂委员会编的《历城县志》、历城政协文史委编的《历城文史资料》（第6、9、10、13、15辑共6册）和《济南市志资料》第6辑、历城区区志地名办公室编的《历城区概况》和《历城地名溯源》，以及《柳埠民间传说》《柳埠神韵》两本内部资料。此外，我们在三官庙原址发现了4通清代石碑；在柳埠镇天齐庙山门外的乱草堆里还发现了2通石碑。对于这些碑刻资料，我们也一一抄录，并做了认真整理。在历城区档案馆，我也查阅到一些黄巢村的档案资料。村民孙广汉提供了2005年黄巢村龙灯会的光盘、2006年他手绘的黄巢村村落示意图、《黄巢村的传说》申报书光盘、《济南市非物质文化遗产》（第1、2卷）和20多张老照片，村民刘克洪从自家挂在墙上的镜框里取出珍藏的两张龙灯会照片提供给笔者，还有很多热情朴实的村民主动对笔者讲述他们的村庄与生活。这些文献、档案、访谈和多媒体资料与村民的口述情况互相对照，有助于展现出一个真实的黄巢村。刘铁梁教授在借鉴民族志书写模式与解释人类学等相关理论的基础上，结合对《北京市门头沟区民俗文化志》调查与写作实践的反思，提出“标志性文化”这一核心概念，倡导“标志性文化统领式”的新式民俗志写作，以提升抢救与保护民俗文化的认识水平。所谓标志性文化应具有三个主要特征：一是能反映这一地方的特殊历史进程和贡献；二是体现地方民众的集体性格和气质，具有薪尽火传的生命力；三是深刻地联系着地方民众的生活方式和诸多文化现象等。这种民俗志书写也将促进民俗文化调查的深入和研究范式的创新，间接对地方社会协调发展和增强社

会自我调节能力具有参考价值。"标志性文化统领式民俗志"的书写模式，能够从整体上凸显地方民俗特色，揭示地方文化特征，理解地方民众的表达习惯。本书的写作也将以这种新理论为指导思想，在描述村落民俗生活时，不是面面俱到，而是选择那些具有"村落标志性文化"特点的方面进行介绍和分析，进行标志性文化统领式民俗志写作的初步尝试。

在收集调查资料期间，我们得到了济南市历城区文化局褚局长和何馆长、历城区政协文史委赵主任、历城区县志办公室孙老师、历城区档案馆赵老师、历城区民政局地名办王兰女士、柳埠镇张培明书记、柳埠镇办公室刘宝福主任和赵丽萍女士、柳埠镇宣传科王桂平科长和孙广汉副科长、柳埠镇窝铺办事处何延军书记、黄巢村支部书记侯庆明夫妇和村主任刘明海先生、柳埠办事处张连波主任和杨龙林副主任、黄巢村代理村支书杜延东书记以及黄巢村勤劳朴实的村民们的支持与帮助。写作期间，还得到了山东大学李万鹏教授(已故)、齐鲁师范学院刘德增教授、山东大学张士闪教授、山东省社会科学界联合会副主席刘德龙教授、山东工艺美院张从军教授、山东建筑大学姜波教授和曲洪祎先生、山东大学民俗学研究所李浩教授以及刁统菊副教授和王加华教授、《民间文化论坛》主编王善民先生、北京联合大学张勃女士、济南大学李伟峰先生等给予的指点和鼓励。在此，向以上单位和每一位帮助过我的人，特别是黄巢村淳朴热情的村民们，表示最诚挚的感谢！感谢导师叶涛教授的辛勤指导！感谢《山东村落田野研究》丛书主编对本书写作的邀约！祝愿黄巢村的明天更美好！

孙　芳

2017 年 9 月 20 日写于济南青龙山下

图书在版编目(CIP)数据

黄巢村/孙芳著.—济南:山东大学出版社,
2017.12
(山东村落田野研究丛书/张士闪,李松总主编)
ISBN 978-7-5607-5912-8

Ⅰ.①黄… Ⅱ.①孙… Ⅲ.①村史—济南
Ⅳ.①K295.25

中国版本图书馆 CIP 数据核字(2017)第 328722 号

责任策划:傅 侃
责任编辑:李孝德
装帧设计:牛 钧

出版发行:山东大学出版社
社 址 山东省济南市山大南路 20 号
邮 编 250100
电 话 市场部(0531)88363008
经 销:山东省新华书店
印 刷:山东华鑫天成印刷有限公司
规 格:720 毫米×1000 毫米 1/16
10.5 印张 156 千字
版 次:2017 年 12 月第 1 版
印 次:2017 年 12 月第 1 次印刷
定 价:40.00 元
